物业纠纷沟通

周华斌◎著

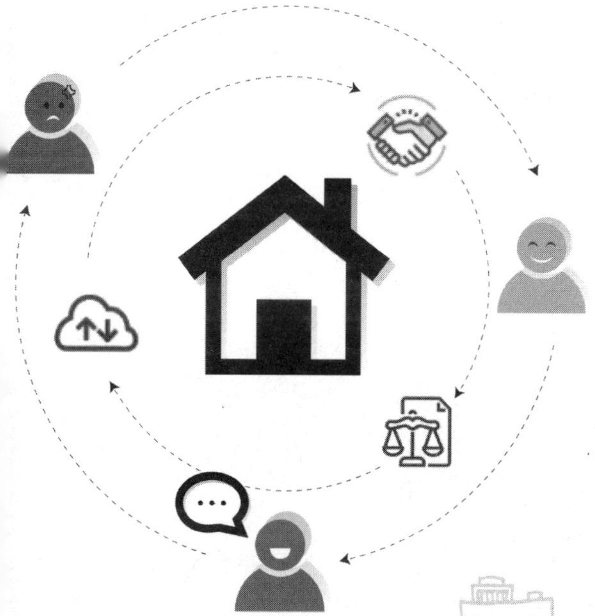

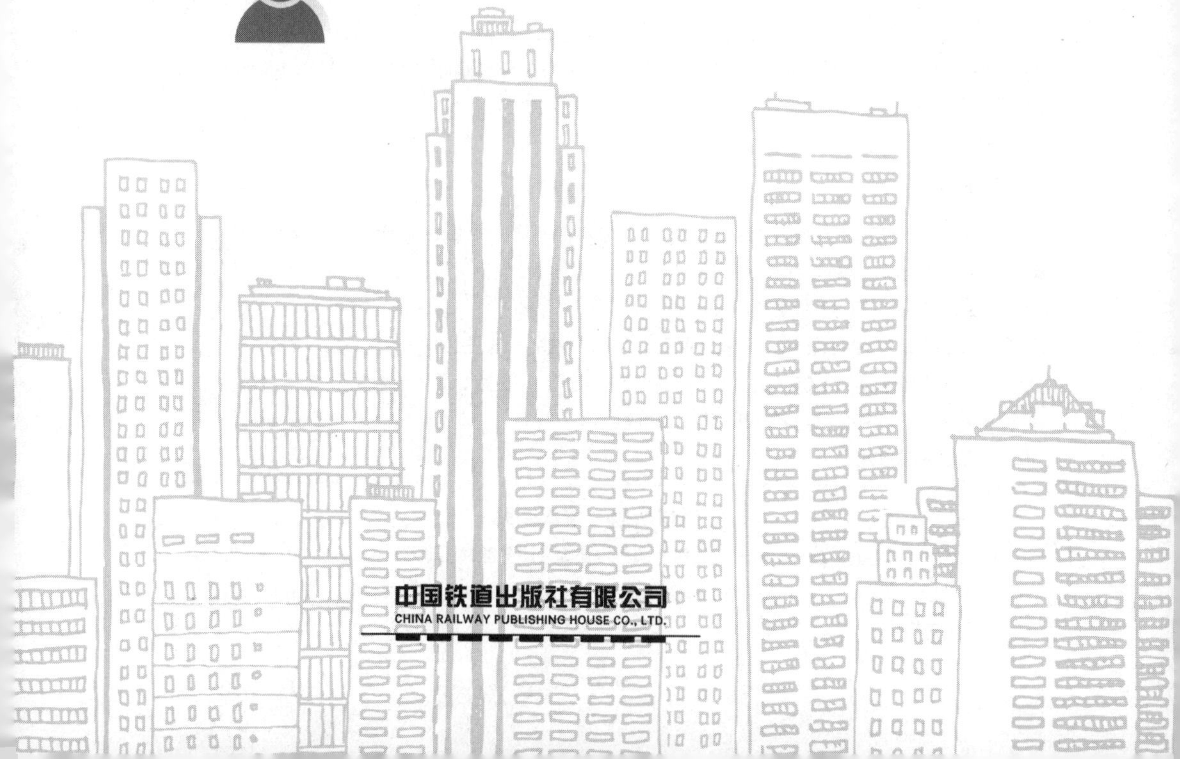

中国铁道出版社有限公司
CHINA RAILWAY PUBLISHING HOUSE CO., LTD.

图书在版编目（CIP）数据

物业纠纷沟通应对实务与法律依据：民法典版/周华斌著．—北京：中国铁道出版社有限公司，2021.9（2025.7重印）
ISBN 978-7-113-28259-2

Ⅰ．①物… Ⅱ．①周… Ⅲ．①物业管理-民事纠纷-处理-中国
Ⅳ．①D922.181

中国版本图书馆CIP数据核字（2021）第162502号

书　　名：物业纠纷沟通应对实务与法律依据（民法典版）
作　　者：周华斌

责任编辑：吕　芰　编辑部电话：（010）51873035　电子邮箱：181729035@qq.com
封面设计：崔丽芳
责任校对：孙　玫
责任印制：赵星辰

出版发行：中国铁道出版社有限公司（100054，北京市西城区右安门西街8号）
网　　址：https://www.tdpress.com
印　　刷：三河市宏盛印务有限公司
版　　次：2021年9月第1版　2025年7月第7次印刷
开　　本：710 mm×1 000 mm 1/16　印张：15.75　字数：225千
书　　号：ISBN 978-7-113-28259-2
定　　价：68.00元

前　言

在物业管理过程中，物业人员需要处理各种纠纷。这些纠纷与广大业主的日常生活密切相关，涉及房地产开发商、物业公司、小区业主委员会、业主个体等多方利益，反映出社区治理、城市管理和社会建设等领域的诸多问题。物业纠纷既是关系民生和谐的社会热点，又是当前司法审判的现实难点。随着各种物业纠纷案件不断涌现，如何在有法律依据的情况下，通过有效沟通，妥善解决物业纠纷，已成为与物业管理相关各方人士及法律工作者经常讨论的热点话题。

作为涉及小区业主生活方方面面的物业管理，不仅是具体的，而且还是琐碎的，与每个业主日常生活的细节相连。由于纠纷涉及面广、社会关注度高，新问题、新情况不断出现，各种纷繁复杂的物业管理纠纷反映出物业管理人员在专业知识、法规知识的综合运用能力以及有效地处理物业纠纷问题的沟通技能上有所欠缺。本书收集了物业纠纷中相对典型的案例，通过法律理论的阐述，提供处理纠纷的解决思路，体现了物业管理人员高水平的服务态度和专业的处理纠纷技能。

本书贴近实际问题，立足真实案例，着眼矛盾化解，将处理纠纷的技巧与法律知识有机结合。案例中反映的问题皆源于真实生活，注重对物业纠纷审判实践中存在的疑难问题、新型问题进行梳理和解答，既有专业法律知识方面的解答，又有处理物业纠纷的实践经验。本书既有对实体法适用问题的阐述解答，又有对物业纠纷问题处理技能和处理方法的探讨，同时还为物业公司出谋划策，帮助解决各类物业纠纷问题，有效地规避日常工作中的法律风险。

本人长期从事物业纠纷案件处理工作，具有丰富的物业处理经验和扎实的法学理论功底，对相关物业纠纷问题能够作出很有深度的探讨和法律建议。因此，本书具有一定的现实指导意义。

希望本书能够为物业管理行政主管部门、其他物业管理企业及物业管理从业人员提供参考，起到诉讼指引和普法教育的作用，能为从事物业纠纷审判的法官提供帮助，为法学理论工作者提供实践素材和研究思路，从而为建设和谐社区，构建和谐的物业管理服务关系，发挥其应有的作用。

周华斌

目　录

第 1 章
了解与物业纠纷相关的基本常识

第 2 章
物业项目管理岗位纠纷的沟通处理

第 3 章
物业客服岗位纠纷的沟通处理

第 4 章

物业保洁绿化岗位纠纷的沟通处理

第 5 章

物业安全维护岗位纠纷的沟通处理

附录

与物业纠纷相关的法律法规

扫码下载物业管理
实用表单（Word 版）

第 1 章
了解与物业纠纷相关的基本常识

在物业管理过程中，经常会遇到一些物业纠纷问题。想要处理好这些物业纠纷，物业管理人员就要对与物业纠纷相关的基本常识非常了解，明确业主与物业公司所需要承担的责任与应尽的义务，掌握物业纠纷沟通处理的常规方式、方法，为解决物业纠纷打好基础。

如何界定业主的身份

在物业管理中，业主与物业公司、业主委员会、其他业主之间的利益纠纷不仅越来越多，而且也越来越复杂。业主大会的决议是否有效？业主委员会候选委员的身份是否合法？房屋的所有权属于谁？物业公司应当向谁收取物业费？这些都涉及如何界定业主身份的问题。这是物业人员必须要明确的问题，否则便不能很好地进行管理和处理纠纷。

“业主”在建筑物区分所有权理论中被称为“建筑物区分所有权人”。业主既是建筑物区分所有权的权利主体，也是物业管理活动的基本主体。业主身份的界定标准，直接关系到业主自治的秩序和物业管理的和谐稳定。因此，界定业主的身份十分重要。

《中华人民共和国民法典》（以下简称《民法典》）第二编物权中多次使用业主的概念，但并未对其进行明确界定。

根据《中华人民共和国物业管理条例》（以下简称《物业管理条例》）第六条规定，“房屋的所有权人为业主”。但无论是从理论还是从实务角度，《物业管理条例》对于业主概念的规定均不够精准。

为明确业主身份的界定标准，《最高人民法院关于审理建筑物区分所有权纠纷案件具体应用法律若干问题的解释》第一条就对业主身份的界定标准给出了一个明确的答案，即取得建筑物专有部分所有权的人就是业主。

《最高人民法院关于审理建筑物区分所有权纠纷案件具体应用法律若干问题的解释》第一条第一款是界定业主身份的一般规则，根据《民法典》和《物业管理条例》的相关规定，依法登记取得或者依据生效法律文书（如判决书、调解书）、继承或受遗赠，以及基于合法建造房屋等事实行为取得专有部分所有权的人，均属“依法登记取得”专有部分所有权，应当认为具备业主身份。由于在现实生活中，签订商品房买卖合同后合法占有使用专有部分但尚未办理物权登记的情况大量存在，在这种情况下，如果仅以是否登记取得所有权作为界定业主身份的标准，会对上述商品房购买群体应当享有的权利造成损害。因此，《最高人民法院关于审理建筑物区分所有权纠纷案件具体应用法律若干问题的解释》第一条第 2 款对于业主身份的界定进行了特别规定，基于与建设单位之间的商品房买卖民事法律行为，已经合法占有建筑物专有部分，但尚未依法办理所有权登记的人，也可以认定为业主。例如，购房人已经与开发商订立了《商品房买卖合同》，并且房屋已经建成交付，但因为办理所有权证需要时间或者土地存在问题等各种原因暂时无法办理所有权证的情况下，该购房人也可以被认定为《民法典》第二编物权中所称的业主。这样的规定既可以有效地统一司法评价标准，也符合《民法典》的规定精神，适应现实生活。同时，还可以引导这部分人及时办理物权登记。

但需要注意的是，《最高人民法院关于审理建筑物区分所有权纠纷案件具体应用法律若干问题的解释》第一条第 2 款中“可以认定为业主”的规定，并非认定其为等同于专有部分所有权人，在特殊情况下认定其有业主身份并不等于承认其当然享有专有部分的所有权。例如专有部分的承租人、借用人等物业使用人，这部分人并不享有专有部分的所有权。从这个意义上来讲，专有部分所有权人一定是业主，但可以认定的业主不是当然的专有部分的所有权人。

业主的权利与义务有哪些

上面讲述了业主身份的界定，接下来讲述业主的权利和义务。业主作为小区的一分子，在享受物业公司提供的服务时，需要支付相应的物业费，这就涉及权利与义务的问题。那么，业主的权利与义务有哪些呢?

1. 业主的权利

根据《物业管理条例》和《民法典》的相关规定，业主享有对建筑物的区分所有权。《民法典》第二百七十一条规定:“业主对建筑物内的住宅、经营性用房等专有部分享有所有权，对专有部分以外的共有部分享有共有和共同管理的权利。”业主的建筑物区分所有权的性质为一种特殊的复合性不动产所有权,其是专有部分的专有权（专有所有权）、共有部分的共有权（共有所有权）以及因共有关系而产生的管理权（共同管理权）三者的结合。这三者相互配合、相互依赖、相互制约，构成不可分割的一个整体。

（1）专有所有权。指业主对建筑物内专有部分的住宅、经营性房屋的占有、使用、收益、处分的权利。但是如果将住宅改为经营性用房，需要经过本栋楼房的所有业主同意。在建筑物区分所有权构成的三要素中，专有所有权具有主导性。

（2）共有所有权。指业主依据法律法规、合同以及业主公约，对建筑物的共有部分所共同享有的权利，包括使用权、收益分配权、危险和妨害的排除请求权。在建筑物区分所有权构成的三要素中，共有所有权具有从属性和不可分割性。

（3）共同管理权。指业主基于一栋建筑物的构造、权利归属及使用上的密切关系而形成的作为建筑管理团体之一成员而享有的权利。我国《物业管理条例》第六条规定:“业主在物业管理活动中，享有下列权利:（一）按照物业服务合同的约定，接受物业服务企业提供的服务;（二）提议召开业主大会会议，并就物业管理的有关事项提出建议;（三）提出制定和修改管理规约、业主大会议事规则的建议;（四）参加业主大会会议，行使投票权;（五）选举业主委员会成员，并享有被选举权;（六）监督业主委员会的工作;（七）监督物业服务企业履行物业服务合同;（八）对物业共用部位共用设施设备和相关场地使用情况享有知情权和监督权;（九）监督物业共用部位、共用设施设备专项维修资金（以下简称专项维修资金）的管理和使用；（十）法律、法规规定的其他权利。”

如果说专有所有权和共有所有权是建筑物区分所有权的内部权利，那么共同管理权则是建筑物区分所有权的外部权利。三者的区别在于，内部权利主要是基于财产共有而发生的关系，为建筑物区分所有权中的“物法性”因素，而作为外部权利的共同管理权不仅仅是单纯的财产关系，更重要的是一种管理关系，因而构成建筑物区分所有权中的“人法性”因素。

2. 业主的义务

（1）业主在行使专有所有权时应尽的义务：

不得损害他人专有部位；

不非法占有的义务；

不非法加害的义务；

业主不得以不享有权利而不履行义务。

（2）业主在行使共有所有权时应尽的义务：

不得损害共有部位的义务；

不得随意占有共有部分的义务；

为相邻业主提供维修便利的义务；

对共有部位和共有物承担的义务；

分摊管理费用的义务。

（3）业主在行使共同管理权应尽的义务。

《物业管理条例》第七条规定：“业主在物业管理活动中，履行下列义务：（一）遵守管理规约、业主大会议事规则；（二）遵守物业管理区域内物业共用部位和共用设施设备的使用、公共秩序和环境卫生的维护等方面的规章制度；（三）执行业主大会的决定和业主大会授权业主委员会作出的决定；（四）按照国家有关规定缴纳专项维修资金；（五）按时缴纳物业服务费用；（六）法律、法规规定的其他义务。”

所以，作为物业管理人员，要非常清楚业主应有的权利和义务，才能更加合理有效地处理物业纠纷。

物业管理者的权利与义务有哪些

物业公司是按照法定程序成立并具有相应的资质条件，经营物业管理业务的企业型经济实体，具有独立法人资格，专门从事物业管理服务的企业，属于服务性企业。物业管理者与业主或物业使用人之间是平等的主体关系，它接受业主的委托，依照有关法律法规的规定或合同的约定，对地上永久性建筑物、附属设备、各项设施及相关场地和周围环境进行专业化管理，为业主和物业使用人提供良好的生活或工作环境，从而获得相应的报酬。

《物业管理条例》等相关物业管理法律法规规定的物业管理者的权利与义务，属于法定的权利与义务。但是，物业管理者的权利与义务更多的是通过与业主签订的《物业服务合同》约定来明确的。具体来说，依据物业管理法律法规及《物业服务合同》的约定，物业管理者的权利与义务如下。

1. 物业管理者在物业管理活动中的基本权利

（1）依照物业管理法律法规和《物业服务合同》，对物业管理区域内的物业实施管理。

（2）依照《物业服务合同》和有关法律法规的规定收取物业费，有酬金制与包干制两种收费方式，实务中多采取包干制收费方式。

（3）依照物业管理法律法规和《物业服务合同》，劝阻和制止物业管理区域内违反社会公德管理规章制度的行为。

（4）实施物业管理中，要求业主委员会给予必要的配合与协助。

（5）委托专营公司（如清洁公司、保安公司）承担专项物业管理服务业务。

（6）物业管理者应当根据有关法律法规的规定、《物业服务合同》、物业管理区域内物业共用部位和共用设施设备的使用及公共秩序和环境卫生的维护等方面的规章制度，结合实际情况，制定物业管理办法。

（7）法律法规规定或《物业服务合同》约定的其他权利。

2. 物业管理者的在物业管理活动中的基本义务

（1）履行《物业服务合同》，按照合同约定提供物业管理服务。物业管理服务内容主要包括：物业共用部位及共用设施设备的使用管理和维护；公共环境卫生、秩序的维护；对业主不当行为的劝阻和报告；物业维修改造费用账目管理；物业服务档案的保管等。

（2）履行物业管理法律法规所规定的义务，比如承接物业时的查验义务，《物业服务合同》终止时的移交义务，协助做好安全维护应急救助义务等。

（3）对于物业管理中的有关信息依法进行公开，接受业主、业主大会和业主委员会对履行《物业服务合同》情况的监督。

（4）接受房地产行政主管部门、其他有关行政主管部门及物业管理区域所在地人民政府的监督指导。

（5）重大的管理措施要提交业主大会审议决定。

（6）发现管理范围内的违法行为要及时向有关行政管理机关报告。

（7）法律法规规定或《物业服务合同》约定的其他义务。

物业管理的违法者应该承担哪些法律责任

物业管理的法律责任是指由于违反物业管理的法律规范行为而应当承担

的法律后果。违法行为是承担法律责任的前提，法律制裁是承担法律责任的必然结果。国家工作人员、公民或法人拒不履行法律义务或做出法律所禁止的行为，并具备违法行为的四个构成要素，就要承担这种违法行为所引起的法律后果。也就是说，只要满足违法行为的构成要素就构成了物业管理法律责任。

物业管理法律责任的构成是指据以确定物业管理法律责任必须具备的各种条件或必须符合的标准。物业管理法律责任有多种分类，包括公法责任和私法责任；职务责任和个人责任；财产责任和非财产责任；过错责任、无过错责任和公平责任等。按法律责任的内容不同，一般分为民事法律责任、行政法律责任、经济法律责任、刑事法律责任四类。

1. 民事法律责任

民事法律责任是指违反民事法律规范，无正当理由不履行民事义务或因侵害他人合法权益所应承担的法律责任。承担民事法律责任主要有 10 种方式，这 10 种方式可以单独适用，也可以合并适用。

（1）赔礼道歉。指公民或法人的人格权受到不法侵害时，权利人可请求责任人当面承认错误，表示歉意，以保护其人格尊严。

（2）停止侵害。指对责任人正在实施的侵权行为，受害人有权请求其停止实施或请求人民法院制止实施。

（3）消除危险。指在有造成财产或人身损害的时候，权利人有权请求责任人消除或请求人民法院强制其消除。

（4）排除妨碍。指权利人行使其权利受到他人不法阻碍或妨害时，有权请求责任人排除阻碍或妨害或请求人民法院强制排除阻碍或妨害。

（5）恢复原状。指在财产被不法损害或性能状态被改变而有复原的可能时，受害人有权请求恢复到财产未受损坏或未改变时的状态。

（6）返还财产。指权利人的财产被责任人非法侵占时，权利人有权请求返还该财产。

（7）修理、重作、更换。责任人造成权利人的不动产或者动产毁损的，权利人可以请求责任人修理、重作、更换。

（8）支付违约金。指依法律规定或当事人约定，违约方向对方支付一定数额的违约金。

（9）赔偿损失。指责任人以其财产填补受害人的损失。

（10）消除影响、恢复名誉。指公民或者法人的人格权受到不法侵害时，有权通过人民法院要求责任人以公开形式承认过错，澄清事实或者辟谣，消除所造成的不良影响，以恢复到未受损害时社会对其品行、才能或信用的良好评价。

除适用上述规定外，还可以予以训诫、责令具结悔过、收缴进行非法活动的财物或非法所得，并可以依照法律法规的规定处以罚款、拘留。

2. 行政法律责任

行政法律责任是指行政主体或行政相对人的行为违反行政法律法规而依法必须承担的行政法律责任。承担行政法律责任的方式一般有以下两种：

（1）行政处罚。指行政机关或其他行政主体依法定职权和程序对违反行政法规尚未构成犯罪的行政管理相对人给予行政制裁的具体行政行为。我国《行政处罚法》第八条规定，行政处罚的种类包括：警告；罚款；没收违法所得、没收非法财物；责令停产停业；暂扣或者吊销许可证、暂扣或者吊销执照；行政拘留；法律、行政法规规定的其他行政处罚。

（2）行政处分。指国家机关、企事业单位依据国家法律、法规或国家机关、企事业单位的规章制度的规定，按行政隶属关系对其所属人员中有轻微违法行为或违反纪律行为的一种内部制裁，主要包括警告、记过、降薪、降职、留用察看、撤职、开除等。

3. 经济法律责任

经济法律责任是指经济法律关系主体行为违反经济法律法规而依法需要承担的法律责任。追究违法者的经济法律责任是一种法律制裁措施，主要有责令违法者赔偿经济损失、支付违约金、没收财物、罚款、停业整顿、吊销营业执照等。

4. 刑事法律责任

刑事法律责任是指行为人（包括自然人和法人）的违法行为已构成触犯

刑事法律的犯罪，而依法必须承担的法律责任。它是制裁最为严厉的一种方式。在各地专门的物业管理规范性文件中，一般不规定民事主体、行政相对人的违法行为构成犯罪的依法追究刑事责任，大多数都有明文规定："物业管理行政主管部门工作人员滥用职权、玩忽职守、贪污受贿、徇私舞弊的，由其上级主管部门或所在单位给予行政处分；构成犯罪的，移送司法机关依法追究刑事责任。"

物业管理法律责任根据承担责任方式性质的不同还可以分为强制性、制裁性、补救性三类法律责任。

强制是指迫使违法者履行原有的法定义务或新追加的作为惩戒的必为义务。法律责任的实施和制裁的实现都以强制为后盾。从这一点来说，强制又是使违法者承担法律责任的最后手段。

制裁就是惩戒、处罚，制裁实际上是一种对违法者的某种权利的合法损害或者使违法者承担一项新的不利义务，其目的是使违法者引以为戒，今后不再犯相同的错误。

补救一般是指行为人的违约行为或侵权行为使对方的合法权益遭受损害时依法应当承担的法律救济，可分为司法补救、行政补救两类。补救的法律责任主要是赔偿经济损失、返还财产、恢复原状、赔礼道歉、履行职务等。

常见的物业纠纷有哪些

在物业管理过程中，难免会有做得不尽如人意的地方，导致物业公司与业主出现纠纷。物业纠纷的类型有很多，常见的有以下几种。

1. 没有《物业服务合同》的物业纠纷

有不少物业公司与业主委员会或业主之间没有签订书面合同，甚至是房地产开发商派自己的“人马”直接管理楼盘，没有办理委托物业公司管理手续，没有与业主签订《物业服务合同》或者《业主公约》等。在没有合同约定或没有规约可依的情况下，物业公司与业主就很容易发生纠纷，而且双方的矛盾无法得到很好的解决。所以，《物业服务合同》是很重要的，一定要重视《物业服务合同》的签订，不能忽略这个合同。物业公司开展物业管理服务，除了要办理相关企业登记外，还要具备相应的等级资质、收费资质等，并领有政府主管部门颁发的相关证书。对不具备法定资质却从事物业管理服务工作并产生物业管理纠纷的，可以在业主委员会或业主同意的情况下，规定具体的时间补办相关证书，并与业主委员会或业主签订《物业服务合同》，但证书补办前的物业费只按合理成本收取。

2. 物业费用标准问题的纠纷

在现实生活中，物业费没有具体的标准，不同的物业公司收取的费用不同，从而产生物业纠纷。

物业公司违法收费主要有以下几种情况。

（1）物业公司向业主收取《物业服务合同》中约定内容以外的费用。

《物业管理条例》第四十条规定：“物业服务收费应当遵循合理、公开以及费用与服务水平相适应的原则，区别不同物业的性质和特点，由业主和物业服务企业按照国务院价格主管部门会同国务院建设行政部门制定的物业服务收费办法，在物业服务合同中约定。”但是，部分物业公司为了谋求其自身利益，存在向业主收取物业服务合同中约定内容以外费用的问题。

（2）物业公司任意向业主收取手续费。

根据《物业管理条例》第四十四条规定：“物业管理区域内，供水、供电、供气、供热、通信、有线电视等单位应当向最终用户收取有关费用。物业服务企业接受委托代收前款费用的，不得向业主收取手续费等额外费用。”但是，在现实生活中，一些物业公司会在收费的时候向业主收取手续费，以谋求其自身利益。

（3）物业公司单方面扩大收费范围、提高收费标准。

有的物业公司除了收取《物业服务合同》中约定的费用外，还会收取其他管理费，如对小区内业主收取装修管理费、临时停车费等。《物业服务收费管理办法》第五条规定：“物业服务收费应当遵循合理、公开以及费用与服务水平相适应的原则。”以及第 19 条规定：“物业管理企业已接受委托实施物业服务并相应收取服务费用的，其他部门和单位不得重复收取性质和内容相同的费用。”因此，物业费用的收取要遵循合理、公开及与服务相适应的原则，收取标准要严格依照合同的约定。普通住宅的物业费是政府指导价，确立费用时要以物业管理服务的合理成本为基础，以业主的经济承受能力进行综合测算，而其他住宅必须经业主或业主委员会协议约定。

（4）物业公司任意行使罚款权。

《中华人民共和国行政处罚法》第十五条规定：“行政处罚由具有行政处罚权的行政机关在法定职权范围内实施。”物业公司不属于行政机关，也没有取得行政机关的授权，不具有包括罚款在内的任何行政处罚权。《物业管理条例》第四十五条规定：“对物业管理区域内违反有关治安、环保、物业装饰装修和使用等方面法律、法规规定的行为，物业服务企业应当制止，并及时向有关行政管理部门报告。”该条规定中并没有授予物业公司罚款权，所以物业公司在物业管理服务中不可向业主任意收取罚款。

3. 业主拒绝缴纳物业费的纠纷

在物业管理过程中，缴费问题是最为重要的，按照约定缴纳物业费是业主应承担的一项基本合同义务。但是，在实际生活中，往往会出现业主拒绝缴纳物业费的情况，如业主无理拒绝、物业公司提供的管理服务质量达不到合同约定标准、公共费用的分摊不合理等，导致出现许多此类物业纠纷。因此，处理此类纠纷要从实际出发，根据不同的实际情况进行处理：属于业主无理拒绝缴纳物业费的情况，可以由业主委员会责成业主按照合同规定缴纳物业费，并承担延期缴费的违约责任；如果是因为物业公司提供的管理服务质量达不到合同约定标准致使业主拒绝缴纳物业费的情况，则属于物业公司违约在先，业主拒绝缴纳物业费属于行使合同履行中的抗辩权的行为，是依法采取的自我救济手段，对于这种情况，可以根据物业公司提供现行管理服务的质量状况，适当减少业主应缴的物业费（但应缴的维修费用不在此限）；对于因公共费用的分摊不合理导致业主拒绝缴纳物业费的情况，要按照政府主管部门的有关规定，在合理确定各个业主应分摊费用的基础上，责成相关业主支付其应摊的物业费用和维修费用；如果属于物业公司擅自提高收费标准、扩大收费范围、重复收费等情况，业主因而拒绝缴纳的，物业公司可以提供物价审核的标准，按照物价部门核定的标准要求业主缴纳物业费，物业公司未经业主许可擅自增加的管理服务项目收费及收费不合理的部分，可以认定为乱涨、滥收等行为，这种情况业主有权拒绝缴纳。

此外，在处理此类纠纷的过程中，还应特别注意审查物业公司的收费标准是否经过物价部门审核，是否明码标价；对特殊管理服务的收费，业主及物业公司之间是否在《物业服务合同》中有约定；对于《物业服务合同》约定物业收费可以预收的，其预收期限是否符合法律法规的规定等。

4. 物业公司违约的纠纷

物业公司的违约行为主要表现在对公用部位、公共设施设备维护管理不善；对物业管理区域内的环境卫生、绿化、公共秩序等没有尽到管理职责，造成物业管理区域内的环境恶化；未经业主同意，擅自许可他人利用公共设施设置广告等；将物业管理权发包给他人等。这些都属于物业公司的违约行为，没有按照《物业服务合同》要求提供相应的管理服务，需要承担一定的违约责任。物业公司要做好公共设施的维护以及环境卫生、绿化、公共秩序的管理，给业主提供一个良好的居住环境。对于物业公司擅自将物业共用部位自营或出租他人经营或安装广告牌的违约行为，应责令其立即恢复原状，给业主或使用人造成损失的，物业公司理当承担赔偿责任。如果物业公司利用物业设置经营性设施，需要征得业主或业主委员会的书面同意，并向相关部门办理报批手续。经批准设置的经营性设施的收益，在扣除物业公司代办费用后，一部分应用于补贴物业管理公共服务费，另一部分应纳入专项维修资金。对于物业公司擅自将物业管理权发包给他人的行为，属于侵犯了全体业主的合法权益，应该对其发包行为认定无效，由物业公司依法承担违约责任。

5. 物业公司对业主采取停止供电、供水、供气等措施引发的纠纷

现在，不少物业公司对物业纠纷经常采取不恰当的处理方法，如暴力解决、对簿公堂等，结果不仅没有从根本上解决问题，反而激化了双方的矛盾。物业公司为迫使业主缴纳物业费，在业主不能按其要求正常缴纳物业费的情况下，经常采取停电、停水、停气等措施。其实面对这种纠纷应该具体情况具体分析。如《物业服务合同》中约定，对业主欠费的可以采取停水、停电、停气等措施的，物业公司可以按照合同中的约定采取相应的措施；在无合同约定的情况下，应该根据收费项目的不同特点具体分析。物业费主要分为：为业主提供卫生清洁、公用设施的维修、保养和保安、绿化等公共服务的费用，代收代缴水电费、煤气费、有线电视费等公众代办性质的服务费用以及特约服务的费用。业主仅拖欠公共服务或特约服务的费用，而未拖欠公众代办性质服务费用的，物业公司不能采取停水、停电、停气等措施，否则将认定为物业公司侵权；业主或物业使用人拖欠应缴纳的公众代办性质的服务费用，使物业公司为此未能代交有关费用，致使供水、供电、供气等部门停水、停电、停气的，物业公司不需要承担责任。

6. 物业公司疏于管理或玩忽职守产生的纠纷

物业公司应当积极按照《物业服务合同》的要求履行合同义务，积极做好公共设施的维修、养护以及管理，确保公共设施的安全。但是，在实际生活中，有些物业公司疏于管理或玩忽职守，导致业主出现人身安全或财产损害的情况。例如，物业管理区域内的消防安全设施属于公共设施，物业公司负有维修、养护以及管理的义务，需要经常性地对消防安全设施进行检查，及时解决发现的问题，保证消防安全设施能够正常使用。如果物业管理区域内在发生火灾时，由于消防设施损坏而不能正常使用，导致火灾不能得到及时扑灭，就是物业公司的失职；又如，某住宅楼道的照明灯长期损坏，业主数次催促物业公司也没有进行维修，导致某一业主小孩上楼时因楼道黑暗而摔成骨折，则该情况是物业公司不作为的失职行为使他人健康受到威胁。除此之外，物业公司在维修施工时或者在通道上挖坑修缮地下设施时，违反施工规章制度，不设置明显标识和采取其他安全措施，导致业主遭受人身安全侵害等。因此，物业公司在物业管理服务的过程中应该加强物业管理，做好管理职责。

7. 业主侵权引发的纠纷

在物业管理活动中，业主也会经常出现一些侵权行为，主要有以下几种：

（1）业主擅自改变房屋的使用用途或超过设计负荷使用房屋。在物业管理活动中，房屋的装饰装修引发的纠纷是非常普遍的，业主在购得房屋后，通常会根据自身的喜好或者居住需求等因素对室内进行装饰装修。物业公司不得对业主和物业使用人装饰装修房屋的做法进行非法干涉，但是应该要求业主在对房屋进行装饰装修时不得违反国家有关法律法规的规定或者有关房屋用途的约定。如果业主擅自改变房屋用途或者超过设计负荷使用房屋即构成侵权行为，物业公司应该督促业主将房屋恢复原状以及承担相应的责任。

（2）经有关部门的鉴定，业主的房屋可能危及毗连房屋和公共安全的，业主未及时进行修缮或采取相关措施。

（3）业主擅自在物业共用区域内私自搭建建筑物、构筑物及堆放物品或占用共用部位、共用设施设备。

（4）业主破坏物业管理区域内的卫生、共用绿地及花木等，或在共用部位或公用设施设备上进行涂画、破坏等。

（5）业主损毁物业共用部位或共用设施设备，或者未经批准在物业管理区域内存放易燃、易爆、剧毒和放射性等危险物品。

（6）业主不遵守物业管理区域内的交通规则，违规驾驶车辆、不按规定停放车辆等。

（7）业主饲养凶猛动物或不按有关法律法规的规定圈养宠物。

（8）业主违规制造噪声。

解决物业纠纷的方式有哪些

在物业管理活动中，物业纠纷几乎是不可避免的，而且产生物业纠纷的原因多种多样，可能是因为业主拖欠了物业费，也可能是物业服务不到位，又或者是物业服务合同不正规等。如何处理这些物业纠纷？怎样处理会更好？这就需要我们了解一些解决物业纠纷的方式。

1. 和解

和解是基于双方当事人的自主协商而达成，没有任何外来压力的干扰和强制，并且也没有任何第三人的参与和协调，完全基于双方当事人各方的平等自愿、自主协商而达成。

2. 调解

调解是指中立的第三方在双方当事人之间调停疏导，帮助交换意见，提出解决建议，促成双方化解矛盾的活动。物业管理民事纠纷的调解，包括民事调解和行政调解两种。民事调解由争议双方当事人共同选定一个机构、组织和个人，由第三方依据双方的意见和授权提出解决意见与方法，经双方当事人同意并执行，由此化解纠纷。但是这种调解不具有法律效力，调解结束后，当事人一方如不执行，则前功尽弃。行政调解则是借助主管部门进行调解处理，但这种调解如一方不遵守执行，则要借助于其他手段进行解决。民事调解和行政调解与仲裁或诉讼程序中的调解是不同的，仲裁或诉讼中的调解是仲裁程序中的一个环节，不具有独立性。

3. 仲裁

如果调解不成，那就需要通过仲裁方式进行解决。仲裁是指由双方当事人协议将争议提交（具有公认地位的）第三方，由第三方对争议的是非曲直进行评判并作出裁决的一种解决民事争议的方法。仲裁不同于诉讼和审判，仲裁需要双方自愿，也不同于强制调解，是一种特殊调解。仲裁主要用于解决财产权益纠纷或合同的纠纷。《中华人民共和国仲裁法》第二条规定："平等主体的公民、法人或其他组织之间发生的合同纠纷和其他财产权益纠纷，可以仲裁。"仲裁庭管辖物业管理纠纷的依据是当事人认定的协议。仲裁协议有两种方式，一种是在订立合同时就约定一个条款，说明一旦有争议就提交仲裁；另一种是双方当事人出现纠纷后临时达成提交仲裁的书面协议。仲裁协议要写明请求仲裁的意思表示；仲裁事项；待定的仲裁委员会。如一个在北京履行的合同写明："有关本合同的争议，双方应协商解决，无法协商时提交北京仲裁委员会仲裁。"达成仲裁协议的争议，不得向法院起诉；即使起诉，法院也不会受理。

在物业管理纠纷中，仲裁处理的一般程序是：

（1）一方当事人向待定的仲裁委员会提交仲裁申请书。

（2）委员会于收到申请书后 5 日内决定立案或不立案。

（3）立案后在规定期限内将仲裁规则和仲裁员名册送达申请人，并将仲裁申请书副本和仲裁规则、仲裁员名册送达被申请人。

（4）被申请人在规定期限内答辩，双方按名册指定仲裁员。普通程序审理时由三名仲裁员组成，双方各选一名，仲裁委员会指定一名任首席仲裁员；案情简单、争议标的小的，可以适用简易程序，由一名仲裁员审理。

（5）开庭：庭审调查质证、辩论、提议调解。

（6）制作调解书或调解不成时制作裁决书。

（7）当事人向法院申请执行。

4. 诉讼

如果仲裁也解决不了，当事人可以通过诉讼方式解决物业纠纷。诉讼是指国家审判机关即人民法院，依照法律规定，在当事人和其他诉讼参与人的参加下，依法解决讼争的活动。诉讼是当事人解决民事纠纷、行政纠纷较常见的方式。诉讼与仲裁明显不同，人民法院对已提交诉讼的当事人管辖是强制性的。

在物业管理纠纷中，诉讼处理的一般程序如下：

（1）一般是当事人一方提交起诉状，起诉至法院。

（2）法院审查立案后将起诉状副本送达被告。

（3）被告提交答辩状。

（4）开庭：调查、辩论、调解。

（5）制作调解书或一审判决书。

（6）双方均不上诉，则判决书生效；或一方不服提起上诉，进入第二审程序。

（7）二审审理：制作二审调解书或下达二审判决书，此为终审判决，不得上诉。

（8）最后执行。

当在物业管理过程中发生物业纠纷，当事人可以采取多种方式进行处理。至于应该采用哪种解决方式，需要结合实际的情况作出选择。但是，由于仲裁和诉讼相对来说都比较浪费时间，所以，要尽量采用协商和解或者调解的方式。

哪些材料可以作为处理物业纠纷的证据

证据是一种凭证。《最高人民法院关于民事诉讼证据的若干规定》第一条和第二条规定："原告向人民法院起诉或者被告提出反诉，应当附有符合起诉条件的相应的证据材料。""当事人对自己提出的诉讼请求所依据的事实或者反驳对方诉讼请求所依据的事实有责任提供证据加以证明。没有证据或者证据不足以证明当事人的事实主张的，由负有举证责任的当事人承担不利后果。"所以，证据提交规则一般是谁主张，谁举证。在日常生活或工作中人们应当有留存证据归档的意识，这样就可以在发生物业纠纷时能够留有证据加以证明。有哪些材料可以作为处理物业纠纷的证据呢？

1. 当事人的陈述

当事人的陈述指诉讼中的原告、被告和第三人就他们对案件事实的感知和认识所发表的陈词及叙述，依靠当事人的陈述，可以反映案件事实的全部或部分面貌。当事人的陈述必须是向法院所做的陈述，当事人在法庭外所做的陈述一般不能作为当事人的陈述予以对待，不能产生当事人陈述的效力。当事人陈述的形式主要有口头形式和书面形式两种，一般以口头形式为主。对于可否由人代为陈述的问题，应该根据不同的情况进行处理。

2. 书证

书证在民事诉讼中具有特别重要的价值。一般而言，书证具有稳定性和不易篡改性，证明力比较强。但是在民事诉讼过程中，提供书证时需要注意以下几个问题：当事人以书证证明待证事实时，一般需要出示原件，如果需自己保存书证原件的，或者出示原件有困难并经法院允许可以出示复制件，或者原件已不复存在，但有证据证明复制件与原件一致的，也可出示复制件。

3. 物证

《最高人民法院关于民事诉讼证据的若干规定》第十条规定："当事人向人民法院提供证据的，应当提供原件或者原物。如需自己保存证据原件、原物或者提供原件、原物确有困难的，可以提供经人民法院核对无异的复制件或者复制品。”

4. 视听资料

根据《最高人民法院关于民事诉讼证据的若干规定》的规定，提供视听资料有以下 3 点要求。

（1）要求当事人提供有关资料的原始载体。如果提供原始载体确有困难的，可以提供复制件。确有困难是指视听资料的原始载体被毁损或遗失，或是不能通过正当程序获得，但是如果当事人故意毁损或丢弃的则另行处理。

（2）要注明制作方法、制作时间、制作人及证明对象。特别是提供复制件的，要注明视听资料的具体来源及制作过程，提供的内容要详尽，以便提高其对待证事实的证明力。

（3）当事人在提供声音资料的同时，必须附该声音内容的文字记录。

5. 证人证言

当事人提供证人证言时应做到以下四点要求：

（1）要写明证人的基本情况，包括姓名、性别、年龄、职业、住址、联系方式等情况。

（2）证人需要在提供的每一份证言材料上签名，签名确有困难的，可以用按手印、盖章等方式证明证言是本人的证言材料。

（3）必须写明证人出具证言材料的具体时间（年、月、日）。

（4）在提供证言材料的同时附证人的身份证复印件或其他身份证明材料，以提高证言的真实性。

6. 鉴定意见

鉴定意见是我国三大诉讼法及其司法解释规定的法定证据种类之一。鉴定意见是司法鉴定人针对案件中的专门性问题进行鉴定后就鉴定过程、鉴定结果所作出的书面报告。提交鉴定意见需要符合以下要求：

（1）需要说明委托人和委托鉴定的事项。

（2）委托人或委托单位向鉴定部门提交的相关材料要齐全。

（3）需要具有鉴定的依据和使用科学技术手段的说明。

（4）需要具有鉴定部门和鉴定人鉴定资格的说明。

（5）做好鉴定过程的说明。

（6）鉴定文书还需要具有鉴定人的签名和鉴定部门的盖章。

（7）鉴定意见如果是通过分析获得的，需要说明分析的过程。

7. 勘验笔录

勘验笔录是人民法院指派的勘验人员对案件的诉讼标的物和有关证据，经过现场勘验、调查所做的记录。勘验笔录是我国刑事诉讼程序、民事诉讼程序中法定种类之一。勘验笔录可以用文字记载，也可以拍照、录像、绘图或制作模型等。勘验笔录需要注意以下四点：

（1）笔录必须是在勘验过程中当场制作，完整反映勘验的经过和结果，不能事后追忆。

（2）笔录内容必须保持客观真实，对勘验当时的情况如实记载。不扩大、不缩小、不走样，不能掺杂勘验人员的任何主观推测和分析判断的内容。

（3）笔录文字用语必须确切肯定，不能模棱两可，切忌用“可能”“大概”“较高”“较远”等不确定的词句。

（4）为了体现勘验笔录的公正性，勘验应当依法邀请当地基层组织、当事人或者和案件有利害关系的案外人员参加，并在笔录上签字确认。

在物业纠纷中，提供的证据必须查证属实，才能作为认定事实的根据。

第2章

物业项目管理岗位纠纷的沟通处理

物业项目管理既是物业公司管理的基石，也是业主最直观地接触物业公司管理的窗口，该岗位既承担物业公司生存的重任，又肩负物业公司形象的依托。因此，物业项目管理的优劣决定了物业公司在业主心中的地位。物业公司应该做好管辖范围内的物业管理服务工作，履行计划、组织、监督、协调职责，保障物业管理服务工作的正常及良好运作，尽最大的努力让业主满意。下面列举项目管理岗位上会产生纠纷的案例，通过对案例的分析，提供解决物业纠纷的处理方法。

业主不认可物业与业委会的涨价协议

典型案例

林先生是厦门市某小区的一名业主，从 2019 年 5 月 1 日至 2020 年 12 月 30 日，他都没有缴纳物业费。物业公司为此将林先生告上法庭。

在法庭上林先生却辩解道：“我没缴纳物业费纯属事出有因，物业公司在前期管理服务合同届满后，没有经过业主同意就擅自提高物业费的收费标准。如果按照原来的收费标准缴费，我就缴。”原来，从 2019 年开始该小区的物业费就涨价了，从每平方米每月 2 元涨到 2.5 元。

经法官调查后发现，物业费的涨价是经过厦门市物价局核定的，从 2019 年 3 月 15 日起，调整为每平方米每月 2.5 元。

因此，法院在判决中未采纳林先生的抗辩，而是支持物业公司的诉讼请求，原因在于，物业公司提供的证据证明了提高物业费的收费标准是经过业主委员会同意的。同时，法院要求林先生向小区的物业公司缴纳所欠的所有物业费和公共维修费用，共计 8 898 元。

案例分析

事实上，不同的物业管理服务阶段中，物业费的收费标准确定依据并不相同。在本案中，物业费的收费标准已在厦门市物价局备案，业主林先生应当按照签订的《物业服务合同》履行按时缴费的义务，按照调整的收费标准缴纳物业费。由于前期《物业服务合同》签订的时间往往较早，在物业公司为物业小区提供管理服务的过程中，由于国家政策的调整、社会消费水平提高、物业费的收费标准的提高、物业小区成功晋级为优秀小区等原因，导致物业公司为小区提供物业管理服务时，原来确定的物业费的标准逐渐走低，无法满足物业公司管理小区的需要。因此，物业公司与业主委员会应签订物业费涨价协议。

《物业管理条例》第十五条第一款第（二）项规定：业主委员会执行业主

大会决定的事项，履行代表业主与业主大会选聘的物业服务企业签订物业服务合同的职责。业主委员会是业主大会的执行机构，本身并非《物业服务合同》的一方主体，业主委员会与物业公司签订《物业服务合同》之前必须经过业主大会表决同意。对于物业费涨价事项，涉及全体业主的切身利益，属于重大事项，理应事先征得法定人数的同意。因此，业主委员会与物业公司签订物业费涨价协议之前，需要经过法定程序，即经过业主大会表决同意，才可以与物业公司签订物业费涨价协议。在本案例中，物业公司提供的证据能够证明是经过业主委员会同意的，也就是说该证据已经经过法定程序。所以，业主林先生应该依法缴纳拖欠的物业费。

在实务中，如果物业前期管理服务合同届满后，业主对物业公司的物业费的收费标准不满意，可以通过提议召开业主大会，由业主委员会与物业公司协商定价的方式，重新确定物业费的收费标准。如果物业公司与业主委员会无法就物业费的收费标准达成一致意见，业主委员会可以在业主大会的授权下另行聘请新的物业公司，协商确定物业费的收费标准。因此，如果业主仅以“不同意物业费的收费标准”为抗辩理由而拒绝缴纳物业费，法院将不予支持。

处理技巧

（1）对于物业公司来说，遇到这种纠纷，首先要了解业主不缴纳物业费的理由，然后进行深入交流，尽量与业主协商解决。如果业主态度强硬，坚持不缴纳物业费的，只能走法律途径，但是这个方法耗时、耗力、耗金钱，而且双方的关系也会闹僵，不利于后期的物业管理。

（2）如果物业公司需要对物业费的收费标准进行调整时，需要提前告知业主委员会，让其召开业主委员大会并明确告诉业主提高物业费的收费标准的具体原因，这样可以让业主有个心理准备，也更能接受这一调整，同时有利于避免双方产生物业纠纷。

业主认为物业服务合同无效，拒绝缴纳物业费

典型案例

2019 年 10 月 28 日，北京市丰台区某小区业主委员会与某物业公司签订了《物业服务合同》，由于签订的时候物业公司还没有取得独立法人资格，不具有签订《物业服务合同》的主体资格。鉴于此种情况，在物业公司的说服下，业主委员会同意由物业公司主管单位某房地产开发有限公司代替物业公司签订《物业服务合同》，待物业公司取得独立法人资格后，再由物业公司补签《物业服务合同》。在双方当事人同意的情况下，其主管单位与业主委员会签订了《物业服务合同》，并在合同上签字盖章。

2020 年 2 月 13 日，物业公司取得独立法人资格后，与业主委员会重新签订了一份协议，协议载明：物业公司自 2020 年 2 月 13 日起正式被小区业主委员会聘用，原《物业服务合同》自即日起移交至物业公司，原合同中的规定对小区所有业主继续有效。2020 年 2 月 18 日，物业公司向北京市丰台区物价局申报物业费的收费标准，后被物价局批准的标准为：非电梯房每月每平方米 2.4 元，电梯房每月每平方米为 3 元。

业主刘先生自从搬进小区后，就一直未向物业公司缴纳物业费。在此期间物业公司多次催缴，但业主刘先生一直躲避，拒绝向物业公司缴纳物业费。

由于双方经过多次协商未果，物业公司于 2020 年 5 月 12 日依法向人民法院提起诉讼，要求业主刘先生缴纳逾期的物业费 8 523 元。

在法庭上，物业公司认为，他们与小区业主委员会签有《物业服务合同》，而且他们也按照合同约定，为小区业主提供了完善的物业服务，作为业主之一的刘先生就应该按照合同缴纳物业费。

而业主刘先生认为：第一，2019 年 10 月 28 日，物业公司属于非独立法人，不具有签订《物业服务合同》的主体资格。鉴于此种情况，业主委员会与其主管单位签订了《物业服务合同》。根据物业管理的相关法律法规的规定，其

主管单位不具有物业管理经营权。可见，其主管单位与小区业主委员会签订的《物业服务合同》属于无效合同，对小区的业主不产生法律效力。因此，他可以拒绝缴纳物业费。第二，自从搬进该小区之后，他的房屋就出现了严重的渗漏和霉变，鉴于此种情况，他经常向物业公司反映，要求物业公司安排工作人员对房屋进行维修，但是物业公司对他的报修置之不理，使他遭受经济损失。第三，自从由物业公司管理以来，小区内的卫生环境极差，随处可见垃圾，给业主日常生活带来了许多不便。而且，小区安全管理工作非常不到位，有些业主家中的财物经常被盗。除此之外，小区内的娱乐设施破损已久，一直未见物业公司去维修与管理，这给业主的生命安全也带来了危害。可见，物业公司未履行管理服务职责，未履行物业服务合同约定的义务，给业主的合法权益造成了损害。综上所述，他有权拒绝向物业公司缴纳物业费。

法院经审理后作出判决：业主刘先生向物业公司缴纳物业费 6 523 元。其理由有两点。第一，业主委员会取得独立法人资格后与物业公司重新签订的《物业服务合同》是合法有效的，对小区内所有的业主产生法律效力。业主刘先生主张合同无效，不符合法律法规的规定。第二，物业公司所提供的物业管理服务虽有瑕疵，但不能成为业主拒绝缴纳物业费的理由。而业主刘先生以此作为拒绝缴纳物业费的理由不符合法律法规的规定。所以，刘先生应该缴纳物业费。

案例分析

（1）开发公司代替物业公司在《物业服务合同》上签字盖章，其签字盖章行为无效。

目前，在物业建设和物业管理的衔接上出现的众多问题，也是产生物业纠纷的原因之一。由于很多时候房地产开发公司和物业公司属于“一家人”，很多原本属于开发公司解决的矛盾和问题，却推给下属的物业公司，而物业公司缺乏经验，往往出现处理不好问题的情况，常常会导致业主的投诉，矛盾和问题不能得到及时解决。《物业管理条例》第三十二条第一款规定：“从事物业管理活动的企业应当具有独立的法人资格”。本案中，其主管单位某房地产开发公司代替尚未取得独立法人资格的物业公司与业主委员会签订《物业服务合同》，并在合同上签字盖章，其签字盖章的行为是无效的。但是，本案中物业公司后来取得独立法人资格后，重新与业主委员会签订《物业服务合同》。所以，该合同是合法有效的。

（2）业主不能以《物业服务合同》无效为由拒绝缴纳物业费。

在本案中，开发公司在《物业服务合同》上签字盖章的行为，可能会使业主产生一定的误解，认为自己与开发公司存在物业管理服务关系，而与物业公司之间没有权利与义务关系。因此，业主会认为物业公司无权向自己收取物业费。而事实上，有权收取物业费的主体只能是具有物业管理资质、经合法成立的物业公司，而非开发公司。所以，导致部分业主出现像本案中业主刘先生一样的主张，认为开发公司与小区业主委员会签订的《物业服务合同》无效，业主有权拒绝缴纳物业费。根据本案的事实和相关的法律法规的规定，在本案中，由开发公司代替物业公司在《物业服务合同》上签字盖章的行为，虽然不符合法律法规的规定，也容易造成业主与物业公司在物业管理服务活动中的矛盾。但是，业主不能以此为由拒绝缴纳物业费。

（3）业主不能以物业公司不具备物业管理资质为由拒绝缴纳物业费。

《物业管理条例》第三十二条第一款规定：“从事物业管理活动的企业应当具有独立的法人资格。”所以，不具有相应资质的物业公司与业主委员会订立的《物业服务合同》，其法律效力是有瑕疵的。但是，在实践中，我们常常遇到这样的问题，物业公司在提供物业管理服务时，并未取得物业管理资质证书，业主或物业使用人常常以此作为抗辩理由而拒绝向物业公司缴纳物业费。其实，根据法律法规的规定，物业公司从事物业管理活动，应当具备物业管理的资质，在其不具备物业管理资质的情况下，其与业主之间的关系不构成物业管理关系，其与业主委员会签订的《物业服务合同》属于无效的。但是，如果物业公司在与业主委员会签订《物业服务合同》时不具备物业管理资质，后来取得物业管理资质的，同样可以认定《物业服务合同》属于有效。再者，如果物业公司在没有取得物业管理资质的情况下，确实向业主提供了物业管理服务，业主也接受的，那么物业公司有权要求业主缴纳物业费。

（4）业主不能以其房屋存有严重渗漏和霉变以及物业公司对其报修置之不理为由拒绝缴纳物业费。

在本案中，业主刘先生以其房屋存有严重渗漏和霉变，物业公司对其报修置之不理为由，拒绝缴纳物业费。业主刘先生的抗辩理由也反映出日常生活中普遍存在的一些业主的心理。在实践中，业主以物业管理服务存在瑕疵为由拒绝缴纳物业费，这种做法是不符合法律法规的规定，也难以得到法院的支持，其理由具体如下：

首先，业主拒绝缴纳物业费的行为，属于违约行为。根据《民法典》第五百二十七条规定，“有丧失或者可能丧失履行债务能力的其他情形”，并结合《物业服务合同》双方的关系分析，通常是由业主先缴纳物业费，物业公司后提供物业管理服务的情况。因此，业主应该先履行自己的义务，按时缴纳物业费。但实际上，如果物业公司提供的物业管理服务存在瑕疵，也达不到《民法典》第五百二十七条规定的要求。因此，如果没有充分的证据，业主以此为由拒绝向物业公司缴纳物业费的主张将不能成立，业主反而因其未按时缴纳物业费，需要承担一定的违约责任。

其次，物业公司是接受开发公司或全体业主的委托对小区进行物业管理服务的，物业费也是用于整个小区公共设施的维修、养护以及管理，个别业主拒绝缴纳物业费的行为，不仅损害了物业公司的利益，而且也损害其他正常缴纳物业费的业主的利益，这样不利于小区的整体管理。因此，在《物业服务合同》合法有效的前提下，业主以管理服务瑕疵为由拒绝缴纳物业费的主张，法院不予支持。但是，如果物业公司提供的物业管理服务不符合《物业服务合同》的约定，则物业公司已构成违约，业主可以根据《民法典》的相关规定，要求物业公司承担相应的违约责任。所以在本案中，物业公司最后放弃滞纳金并按每月每平方米 2.2 元，低于物价局核定的标准收取刘先生的物业费，可以被认为是对自己提供的物业管理服务存在瑕疵的一种补救措施。

处理技巧

（1）当业主以《物业服务合同》无效为由拒绝缴纳物业费时，物业公司要耐心劝说，并向业主提供相关的证明资料，证明《物业服务合同》属于有效的，并告知业主需要履行的义务以及违约应该承担的责任，让业主自行斟酌，选择是否缴纳逾期的物业费。

（2）面对一些态度强硬的、不愿意缴纳物业费的、认为物业公司提供的管理服务没有达到《物业服务合同》约定的业主，物业公司可以根据实际情况，作出相应的补救措施，如酌情减少物业费等，以此让业主尽快缴纳逾期的物业费，减少物业公司的经济损失，避免其他业主的利益受到侵犯。

业主因小区服务被转包而拒绝缴纳物业费

典型案例

2021 年 6 月 8 日，李女士购买了大连市旅顺区某小区楼房后，与物业公司签订《物业服务合同》，在合同中约定由物业公司负责小区的物业管理服务工作。

半年后，物业公司与马先生签订承包经营合同，约定物业公司将该小区的物业管理服务工作交给马先生，并成立新的物业管理处对小区进行物业管理服务，由马先生担任负责人；新的物业管理处独立经营，自负盈亏，在物业管理过程中的债权债务由马先生负责。

后来李女士得知小区服务被转包了，就拒绝缴纳物业费，并向法院起诉物业公司和新的物业管理处。

经法院调查发现，该物业管理处未经工商行政部门登记并未领取法人营业执照，不具备物业管理的资格。最后，法院判决物业公司与马先生解除承包经营合同，由物业公司继续负责小区物业管理服务工作，而李女士缴纳原先拖欠的物业费。

案例分析

首先，《物业管理条例》第三十九条规定：物业服务企业可以将物业管理区域内的专项服务业务委托给专业性服务企业，但不得将该区域内的全部物业管理一并委托给他人。因此，物业公司的做法是违反条例的。其次，物业公司将物业管理服务转包，应该征得小区所有业主的同意，否则擅自签订的转包合同将无效。

在本案例中，物业公司与马先生签订承包经营合同并未经过小区业主的同意，而且新成立的物业管理处并不是具备资质的服务企业。所以，物业公司与马先生签订的转包合同是无效的。

另外，本案中业主李女士以物业公司将小区物业管理服务转包他人经营为由拒绝缴纳物业费的意见是否成立，还需要根据具体情况来决定。一般可区分为以下两种情况。

（1）物业公司将物业服务区域内的全部物业管理服务一并委托他人，但小区内物业管理服务质量没有出现严重问题或下降，业主的正常生活没有受到影响。在这种情况下，应当依据相关法律法规的规定认定转包的合同或相关条款无效。但是，如果小区物业管理服务被转包后，业主依旧享受到了符合物业服务合同约定的管理服务，那么业主应该缴纳物业费。

（2）小区物业管理服务被转包后，物业管理服务质量严重下降，业主的正常生活秩序无法保障，则应当依据相关法律法规的规定认定转包合同或相关条款无效，并根据物业管理服务的实际质量，业主可以提出减免物业费的主张。

处理技巧

（1）物业公司在遇到这种情况的时候，要耐心向业主说明小区物业管理服务转包的具体原因以及提供具体的证明资料，并向业主保证小区物业管理服务转包后，业主在小区内享有物业管理服务不受影响。

（2）物业公司在将小区管理服务转包之前，要先征得小区业主们的同意，最好是联合业主委员会召开业主大会，待业主们同意后再与承包商签订转包合同。

业主说开发商承诺减免物业费，拒绝缴纳物业费

典型案例

2018 年 8 月 25 日，王女士与银川市某房产开发商签订了购房合同书，购买银川市某花园小区的 4 套房屋。王女士自 2018 年 8 月 25 日至 2021 年 12 月 31 日期间，只缴纳 1 套房屋的物业费，而没有缴纳另外 3 套房屋的物业费。该花园小区物业公司因为王女士长期未缴纳物业费，将其告上法庭。

在庭审中，业主王女士辩称，自己购买的 4 套房屋，1 套用于居住，另外 3 套用于开办幼儿园。因计划开办幼儿园，当时与房产开发商约定按照幼儿园格局建造这 3 套房屋，且购房价格高于该小区普通房屋价格，而且房产开发商也在购房合同书附件中对自己承诺了物业费“四套终身按一套收取”。所以，当时才会决定购买这 3 套房屋，否则自己是不会购买的。因此，既然有过协议，那么她拒绝物业公司提出的缴纳另外 3 套房屋的物业费。

而物业公司认为，他们与小区业主委员会签订了《物业服务合同》，业主就应该按照合同约定按时缴纳物业费。至于之前业主与房产开发商签订的合同的附加条件则与他们无关，他们不予兑现。而且当时签订《物业服务合同》时，业主也并未提及此事。所以，业主王女士应该缴纳逾期的所有物业费。

法院经审理认为，购房合同书附件中“4套终身按1套收取”的约定对物业公司没有法律约束力，业主王女士不能以此为由而拒绝缴纳另外3套房屋的物业费。最终法院判决业主王女士向物业公司缴纳另外3套房屋的物业费与滞留金45 862元。

案例分析

本案例的争议焦点在于房产开发商在售房时对业主王女士作出的关于减免另外3套房屋的物业费的承诺对物业公司是否具有法律约束力，物业公司对此是否需要无条件地执行。

根据相关法律法规的规定，开发商的承诺属于无权代理行为。开发商与物业公司各自具有独立的法人资格，是两个不同的法律关系主体。业主王女士与房产开发商之间形成的是房屋买卖合同关系，而其与物业公司之间形成的是物业服务合同关系，这是两个完全不同的民事法律关系。在未获得物业公司授权委托的情况下，房产开发商无权擅自处分物业公司的权利，无权在购房合同书附件中就物业费收取事项对王女士作出承诺，减免另外3套房屋物业费的承诺超越了房产开发商在房屋买卖法律关系中的应有权利范围，可以理解为房产开发商在售房时为促使王女士成功购房所采取的一种商业促销手段。该承诺是一种无权代理行为。《民法典》第一百七十一条规定：“行为人没有代理权、超越代理权或者代理权终止后，仍然实施代理行为，未经被代理人追认的，对被代理人不发生效力。”所以，房产开发商对王女士的承诺不具有法律效力。

在实际生活中，房产开发商在售房时为了打动购房者，往往会大力宣传楼盘优势，虚假或违法宣传的现象屡见不鲜：有的做出一些违法的承诺，如售后包租承诺，即开发商承诺对购房者购买的商品房，由开发商承租或者代为出租并支付固定年回报；有的做出一些不属于自己权利范围内的承诺，如减免物业费、赠送停车位等；还有的对出售房屋的位置、环境、交通、周边设施等进行虚假宣传。房产开发商通过这些虚假宣传诱导业主购房后，对售楼时的承诺置之不理，使业主遭受利益损失。

实践中，关于减免物业费主要有以下三种情况。

（1）开发商作出承诺在一定条件下的买受人可以免缴业主入住后若干时间段的前期物业费。这种主张应当视为无效。在业主办理入住后，其作为小区的业主，就应该向物业公司缴纳物业费，这是区分所有权人的共同管理权与对共用部位的共用权决定了业主应当承担的义务。按照目前法律法规的规定，建设单位应通过招投标的方式选定前期物业公司对建成物业进行前期物业管理服务，并应在出售住宅前与其选定的前期物业公司签订前期物业服务合同，也就是签订前期物业服务合同的主体必须具有独立的主体资格，签订合同主体双方都必须是具有独立法人资格的服务企业。对于承诺减免物业费，除非是经过前期物业公司的书面授权，否则开发商无权代前期物业公司作出承诺免除买受人的物业费。

（2）前期物业公司同意免除开发商的物业费。这种承诺也应当认定为无效。物业费不是物业公司的收入，其中很大一部分是投入小区公共部位管理服务的各种消耗。所以，在房屋销售之前，开发商作为小区的业主负有缴纳物业费的义务，在房屋销售过程中，随着房屋的销售、业主的入住，开发商要承担对于未售出的空置房屋的物业费，但其承担的物业费逐渐减少，直到房屋全部售出，开发商不再负有承担物业费的义务。物业公司无论是接受的前期物业管理服务还是后期的物业管理服务，都是要对物业小区的全部共用面积、共用部位承担物业管理服务的义务，这些部位的管理服务费用是由小区的业主按照拥有的物业建筑面积的比例决定承担费用的多少，如果物业公司决定部分业主不分担物业费，必定导致其他业主要承担超过其所应当承担的物业建筑面积比例的物业费，这种约定侵害到合同之外的第三人的合法权益。

（3）开发商在销售房屋时承诺买受人免除赠送面积的物业费。这种承诺也应当认定为无效。物业管理与房屋的买卖是两个独立的法律关系。一般赠送房屋的建筑面积往往发生在房地产公司售房的过程中，这是开发商对自己的权利处分，其有权赠送销售面积。但是，对于物业管理服务是物业公司与业主之间形成的物业服务合同关系，开发商无权进行处分。在前期物业管理服务中，有些前期物业公司是开发商专门聘请的，有的是房地产公司组建的，对于赠送的面积免除物业费的承诺，往往发生在房地产公司自行组建物业公司进行前期物业管理服务的情况中。免除赠送面积的物业费如果只是开发商的承诺，而赠送的面积在房产证中有所体现，开发商则无权这样随意地作为促销手段使用，这是对物业公司权利的侵害。所以，开发商承诺免除赠送面积的物业费的行为是不具备法律效力的，不给予兑现的。

综上所述，本案例中，房产开发商减免业主王女士另外 3 套房的物业费的承诺是无效的。业主王女士应该向物业公司缴纳逾期的所有物业费。

处理技巧

（1）物业公司在与业主签订《物业服务合同》的时候，要询问清楚业主之前是否与开发商有其他约定，并查看是否是本公司之前与开发商的约定，如不是，应该向业主说明情况，并告诉业主该承诺不具有法律效力，如果与本公司签订物业服务合同，就应该按照合同上的规定，履行应尽的义务。

（2）当业主拒绝缴纳物业费时，物业公司可以通过打电话或者上门咨询业主拒绝缴纳物业费的原因，并为业主寻求一定的解决方法。

业主不缴纳物业费，物业公司能否擅自停水

典型案例

2019 年 6 月 17 日，在相关部门的推荐下，某物业公司与某小区业主委员会签订了为期 3 年的物业管理服务委托合同。2020 年 10 月上旬，该小区业主陈奶奶因长期没有缴纳物业费，被物业公司停水了。

由于物业公司的停水措施严重影响了陈奶奶的日常生活，为此陈奶奶向法院起诉物业公司采取停水的措施索要物业费。

陈奶奶认为，物业公司无权停水，因为她并没有不缴纳水费，只是不愿意缴纳物业费而已。而且不愿意缴纳物业费是因为物业公司的管理服务并没有按照《物业服务合同》的约定执行，对小区内的管理不力，没有享受到物业公司的管理服务。因此，她拒缴物业费。

而物业公司认为，本公司已经为小区业主提供了物业管理服务，业主就应该按照《物业服务合同》的约定，按时缴纳物业费。而业主陈奶奶长期不愿意缴纳物业费，多次劝说，她也不听，只好采取停水的方法让陈奶奶缴纳拖欠的物业费。

经法院审理后，最后业主与物业公司同意调解后宣布庭审结束。

案例分析

在本案例中，业主与物业公司之间是基于物业管理的法律关系，依照双方签订的《物业服务合同》的约定，业主有接受物业公司提供管理服务的权利，同时承担支付物业费的义务。物业公司有权向业主收取物业费，同时承担提供合同约定的物业管理服务。因此，陈奶奶应该履行缴纳物业费的义务，而物业公司应该履行合同约定的管理服务的义务。

《物业管理条例》第六十四条规定："违反物业服务合同约定，业主逾期不缴纳物业服务费用的，业主委员会应当督促其限期缴纳；逾期仍不缴纳的，物业服务企业可以向人民法院起诉。"所以，本案例中物业公司无权对业主陈

奶奶采取停水的措施。供水是供水部门基于与业主之间的供应水合同的关系而履行的供应商品的义务，业主根据供应合同的约定，应该缴纳水费。一般情况下，如果业主不按时缴纳水费，供水部门可以采取停水的措施，这是供水部门的权力，而其他部门和个人不得随意停水。

基于此，停水与业主不缴纳物业费分属于两个不同的法律关系，物业费的缴纳和水的供应并不相干，不能混为一谈。因此，当业主在不缴纳物业费时，物业公司采取停水的措施来迫使业主缴纳物业费的行为是一种侵权行为。物业公司在业主不缴纳物业费时，应当采取合法的手段或途径来解决，而不能采取停水的措施。因物业公司擅自停水的行为给业主以及供水公司造成损失的则要物业公司承担相应的法律责任。如果物业管理公司采取停水、停电的行为，根据《民法典》第一百七十九条的规定，其承担民事责任的主要方式有停止侵害，排除妨碍，消除危险，返还财产，恢复原状，修理、重作、更换，继续履行，赔偿损失，支付违约金，消除影响、恢复名誉，赔礼道歉。

处理技巧

业主不愿意交物业费时，物业公司要询问清楚业主不愿意缴纳物业费的具体原因，如果是物业公司在某一方面做得不好而导致业主不愿意缴纳的，物业公司应该及时改变自己的管理服务方式，以便满足业主的需求。如果是业主单方面不愿意缴纳的，物业公司应该耐心地解说，向业主表明物业公司提供了哪些管理服务，如果不缴纳物业费应该承担哪些责任，也许业主会因为自己需要承担的责任而缴纳物业费。

小区内发布广告收益纠纷

典型案例

上海某小区的陈先生投诉称，在小区内的电梯间、楼道、门口以及一些公共场所，经常会看到一些广告。而且这些角落的广告位，每月都会有固定的广告收入，但是这些广告的收益，业主却从未收到过，也不见物业公司出示过具体的收益。陈先生还表示，房子已经由开发商卖给业主了，公共部分也进行了分摊。因此，小区内的广告收益应该是属于业主的，物业公司应该将广告收益归还给全体业主。

该小区物业公司称，小区内的广告确实是物业公司在经营，其收益是全体业主的。因为业主委员会没有账户，收益目前在物业公司的账上，账目由业主委员会进行监管。广告所得收益怎么用，是否补贴物业费，需要业主委员会讨论后才能做决定。物业公司并没有从小区内的广告收益中抽取过任何费用。

小区业主委员会主任也表示，小区在和物业公司签订《物业服务合同》时，就已经明确小区内的广告收益归全体业主和业主委员会。小区内的广告位共 150 处，合同中商定每处广告收益每年 2 000 元。但这笔收入目前还在物业公司账户，并没有转到业主委员会来。小区业主委员会已经申请账户，正与物业公司交涉，拟将这笔收入转过来。

大约过了 1 个月，业主委员会终于召开业主大会，向所有业主公示了小区内的广告收益以及广告收益将用于何处等明细。业主陈先生也终于解开了心结。

案例分析

《民法典》第二百七十一条规定：“业主对建筑物内的住宅、经营性用房等专有部分享有所有权，对专有部分以外的共有部分享有共有和共同管理的权利。”因此，本案例中电梯间、楼道、门口以及一些公共场所等都属于建筑物共有部分，归小区业主共有，由此产生的收益权也归业主共有，物业公司只是代为管理而已，小区业主委员会应当介入，以保护全体业主的权益。本案例中，由于业主委员会没有自己的账户，小区内的广告收益暂时存放在物业公司手里。对于广告收益，一般是来补充物业费的不足、业主的其他各项开支或划归房屋的本体维修基金和房屋公用设施专用基金里。不过，由于物业公司在经营小区内的广告上投入了劳动，可以获得一定的管理费用，但这一部分的管理费用也需要业主委员会与物业公司协商决定。

关于共有部分收益如何分配的问题，应该具体情况具体分析。《民法典》第二百八十三条规定："建筑物及其附属设施的费用分摊、收益分配等事项，有约定的，按照约定；没有约定或者约定不明确的，按照业主专有部分面积所占比例确定。"《物业管理条例》第五十四条规定："利用物业共用部位共用设施设备进行经营的，应当在征得相关业主、业主大会、物业服务企业的同意后，按照规定办理有关手续。业主所得收益应当主要用于补充专项维修资金，也可以按照业主大会的决定使用。"在实务中，物业公司对小区共有部分进行经营，产生的收益可以从以下几种情形考虑分配。

（1）如果签订的《物业服务合同》对共有部分的经营、管理、收益、分配等问题进行了约定，那么，物业公司与业主应该按照合同约定履行。

（2）如果签订《物业服务合同》时未对共有部分进行的经营、管理、收益、分配等问题约定的，物业公司经业主大会同意对共有部分进行经营，应该在不违反法律法规规定的前提下，依照公平原则对共有部分给予合理分配。一般而言，业主支付的物业费中不包括物业公司对共有部分经营的对价，如果物业公司不能从其经营共有部分的行为中得到回报，那么对物业公司是不公平的，也不能调动物业公司对共有部分经营的积极性，最终损害的还是全体业主的利益。因此，在分配共有部分收益时，应该综合考虑业主的权利以及物业公司的经营成本，在物业公司与全体业主之间进行合理分配。

（3）在物业公司未征得业主大会同意的情况下，物业公司对共有部分经营的行为是擅自处分全体业主共有部分的权利，侵害了全体业主的合法利益。理论上，共有部分的收益还是属于全体业主共有，物业公司无权私自占有。

（4）在完成与物业公司之间的分配后，对于剩余部分的公共收益，可以主要用于补充专项维修资金，而具体的使用明细可以由业主大会决定后，再告知全体业主。

处理技巧

处理这个问题最好的方法就是在与业主委员会签订《物业服务合同》的时候，要对小区内的广告收益以及物业公司提供这部分经营服务需要获取的回报做出明确的约定，这样就可以避免产生矛盾。

物业公司在小区公用地方开设洗车场引发纠纷

典型案例

2020 年 5 月 24 日某小区物业公司和项目投资方，在小区 22、23 栋之间一处绿地建起了一个公共自助洗车场，物业公司和项目投资方按三七分成，物业公司所得部分将纳入小区公共收益。

物业公司在 23 栋 1 单元入口处张贴了一张“通知”，通知落款为 5 月 25 日。通知显示，自助洗车场为小区的公益项目，在该地洗车每次费用为 6 ~ 9 元 / 次，远远低于市场价的 35 元 / 次。

“这个项目是个好项目，但是建在我们家楼下，洗车会产生噪声，肯定会影响我们的日常生活，而且物业公司要建自助洗车场也没有经过22栋和23栋业主同意。”23栋业主刘先生说道。如果自助洗车场建成后，该小区数百名业主都会到该处洗车，这严重影响包括他在内的22栋和23栋业主的正常生活。因此，业主们不同意物业公司在该处建自助洗车场。

多次反映后，物业公司并未停止建设，这让22栋和23栋业主无可奈何，只好向有关部门投诉。

有关部门收到该小区的投诉后，立即到该小区调查情况，发现确实存在业主反映的情况。就让该小区物业公司立刻停止该行为，并向业主道歉。

经过协商之后，大部分业主不同意修建洗车场，于是物业公司将22栋和23栋楼之间的绿地恢复了。

案例分析

在本案例中，物业公司没有经过业主的同意就在小区公用地方开设洗车场，这属于侵权行为。《民法典》第二百七十四条规定：“建筑区划内的绿地，属于业主共有，但是属于城镇公共绿地或者明示属于个人的除外。”所以，小区的绿地属于全体业主共有，物业公司无权利私自将绿地改为洗车场。如果物业公司占用小区的共有部分应该征得业主的同意才可以使用。

如果小区业主大会决定将小区公用地方改建成洗车场并委托物业公司按照相关法律法规的规定办理有关手续并具体实施。在这种情况下，如果业主个人认为该行为侵害其权益，业主个人无权直接起诉要求物业公司恢复原状，其应当依照《民法典》第二百八十条第二款“业主大会或者业主委员会作出的决定侵害业主合法权益的，受侵害的业主可以请求人民法院予以撤销”的规定起诉，要求撤销业主大会的决定。

处理技巧

首先，物业公司在公用地方开设洗车场要考虑多方面的因素，如是否影响业主生活、洗车场是否产生噪声、洗车场是否影响小区卫生等，综合考虑后，再召开协调会，征询业主们的意见，征得业主同意才可以动工，否则就属于侵权，需要承担民事责任。

其次，物业公司在小区公用地方开设洗车场，那么洗车场产生的收益该归属谁、该如何使用等也需要向业主解释清楚，避免侵害业主的合法权益。

最后，如果已经对业主的合法权益构成了侵害，物业公司应当采取适当的补救措施，挽回业主的信任与认可。

物业公司出租公用停车位引发的纠纷

典型案例

2020 年 7 月 25 日，临沂市某小区业主刘女士气愤不已，表示在不知情的情况下，小区物业公司将公用停车位出租给赵先生等 3 人。由于小区停车位紧张，同单元楼的刘女士等业主常因停车问题与赵先生等 3 人及物业公司发生纠纷。

刘女士说："小区内停车位本来就紧张，物业公司还擅自将小区的公用停车位出租给个别业主，该行为属于违约行为，侵犯了其他业主的合法权益。小区公用停车位属于全体业主共有，物业公司与赵先生等 3 人应该把公用停车位归还全体业主，供大家共同使用。"

赵先生等 3 人称，停车位是他们与物业公司租赁的，有租赁合同，理应享有停车位的使用权，想什么时候停放就什么时候停放，别的业主不应该占用该停车位。

物业公司称，他们对于小区公用车位有管理权，对于公用停车位的需求是赵先生等 3 人先提出申请的，并缴纳了租赁费，所以有优先使用权。

由于彼此之间矛盾不断，最后业主刘女士只好联合其他业主一起起诉物业公司和赵先生等人。

经法院审理，判决如下：物业公司将公用停车位归还全体业主，并退还赵先生等 3 人的租赁费，解除租赁合同，同时物业公司与赵先生等 3 人应该向全体业主赔礼道歉。

案例分析

《民法典》第二百七十五条规定："建筑区划内，规划用于停放汽车的车位、车库的归属，由当事人通过出售、附赠或者出租等方式约定。占用业主共有的道路或者其他场地用于停放汽车的车位，属于业主共有。"据此，物业公司没有经过批准、没有征得业主同意，不得随意占用、出租、出售或赠予公用车位；如果经过业主委员会同意后，其共有部分所得的收益属于全体业主共有，物业公司不得侵占。本案中，尽管物业公司与赵先生等 3 人签订了租赁合同，但是没有经过全体业主同意，物业公司无权处分公用车位，赵先生等 3 人也无权独自租赁公用车位，否则就是侵犯包括刘女士在内的全体业主对公用车位的使用权。按照《民法典》的规定，损害业主共同利益的，除应停止侵害、恢复原状外，还应向全体业主赔偿损失与赔礼道歉。所以，物业公司与赵先生等 3 人应该将公用停车位归还全体业主，同时向全体业主赔礼道歉。

处理技巧

（1）物业公司对于公用停车位的使用与管理要征得业主或者业主委员会的同意才可以使用与管理，否则就是侵犯全体业主的权益，需要承担一定的责任。

（2）物业公司要在满足小区业主停车的情况下，才可以将空闲的公用停车位出租，而且出租公用停车位的收益也应该用于小区共有部分的维护与管理。

小区公共设施对外开放收费纠纷

典型案例

炎炎夏日，大家都想去游泳，凉快一下，对于小区内有泳池的业主来说，这是最幸福的事了。然而，某小区泳池的开放，却在小区业主中引发了争议。一些业主认为，小区内的泳池应该只对业主开放，不能对非业主开放，外来人员频繁进出，会给小区带来一定的安全隐患，不利于全体业主的生活与安全，而且泳池对外开放产生的收益如何分配也是个问题。

小区业主祝先生说："我的房子是 2019 年交房的，交房时就有这个泳池，但从来没有开放过，积水滋生了蚊虫和蛙类，给邻近的业主带来很多烦恼。在众多业主的投诉下，物业公司排干积水，于是这个泳池就成了摆设。现在如果将泳池经营起来对外开放，我是不同意的。因为泳池属于小区公共基础设施，是所有业主共同拥有的。"

很多业主都和祝先生的想法一样，不希望小区的泳池对外开放，而物业公司在没有听取业主意见的情况下，就擅自决定将小区泳池外包。

2020 年 7 月 1 日，泳池经整修后开放了。许多外来人员随意进出小区，给小区的安全带来了很多不稳定的因素。另外，泳池相邻居民楼的架空层被挪作员工宿舍和洗浴更衣室，存在一定的安全隐患。对于物业公司的擅自主张，业主们纷纷表示不满。

业主张女士家住小区门口，每天泳池营业时，外来人员频繁进入和嬉笑交谈声对她造成了一定的困扰，严重影响了他们一家人的日常生活。另外，张女士还表示疑问，小区泳池属于业主公摊面积，现在承包出去，业主游泳也要收费，那么泳池产生的收益又去了哪里？

对此，小区物业公司的相关负责人向业主作出解释：泳池由小区业主委员会对外承包，承包费用作为小区公共收益，用于小区公共基础设施的维护与建设。而且，这个费用的收支情况将向所有业主公示。物业公司则协助业主委员会加强泳池经营期间，小区的安全保障等工作，外来人员进出小区会进行实名登记，保安会加强泳池的周边巡逻，确保小区全体业主的安全。

承包该小区泳池经营的相关负责人也介绍说，公司具有高危行业从业资质、卫生资质。开业前三天小区业主免费，且办卡八五折，并免费赠送两次，让业主比外来人员享有更多的福利。

经过物业公司的反复解释和沟通后，业主们同意了游泳池对外开放。

案例分析

小区配套公共设施是一个小区内为方便业主而建设的公共场所。但是，公共设施产权归属不明、未达到预先的承诺、挪作他用等问题是物业纠纷中最容易引起诉讼的问题，也是物业公司与业主产生纠纷的焦点。

在本案例中，小区泳池是否对外开放，这由泳池的产权人决定。如果小区泳池产权属于物业公司，那物业公司就有权对泳池开放经营。但如果小区业主认为，在经营活动中会给小区带来安全隐患、产生噪声、停车压力等影响，那么业主有权通过业主委员会，要求小区物业公司或泳池管理方加强或细化对这些影响的管理。如果小区泳池产权属于全体业主所有，泳池对外开放经营，就需要召开业主大会表决，取得小区 2/3 的业主同意，由业主委员会或者物业公司对外进行承包，对外承包产生的收益属于公共收益，属于全体业主所有，业主委员会或者物业公司需对所得收益的使用明细进行公示。所以，案例中的物业公司未征得业主同意就将小区泳池擅自外包，这是侵犯小区全体业主的权益。好在物业公司听取业主的意见，并保证做好小区全体业主的安全管理，同时还将小区泳池所得收益进行公示，这才缓解了物业公司与业主的矛盾。

根据相关法律法规的规定，小区泳池的开放需要取得相关许可，必须配备淋浴间、消毒池等基本设施，还要配备救生员等专业人员，经营和维护成本较高，一般小区物业公司或业主委员会都无力承担。所以，大部分的小区泳池都是对外承包的。因此，本案例中，物业公司将小区泳池外包的行为是可以理解的。但是需要注意的是，对于承包公司，物业公司或业主委员会也要确认该承保公司是否具有资质，以确保小区全体业主以及外来人员的安全。

处理技巧

物业公司将小区公共设施对外开放收费，要提前告知全体业主，并征得全体业主的同意，而且对外开放的收费标准也应该与全体业主商讨决定，不可擅自做主。小区公共设施对外开放所得的收益也要向全体业主公示，并将这笔收益用于小区的公共设施的维护与建设。

小区摊位费收益纠纷

典型案例

广州市中山大道某小区业主刘女士向相关部门反映，她所在的小区一到周末集市就越来越庞大，占道扰民，给小区业主的日常生活带来了很大的影响。而且集市的租金谁收，水电谁付也不清楚。刘女士多次向小区物业公司投诉都没有给予解决。

相关部门立即派人走访了刘女士反映的小区，发现利用小区道路出租摊位谋利的问题已经非常普遍，其中出租小区摊位费的收益让业主忧心。据附近商铺的店员透露，在小区摆摊要先向物业公司提交申请，再由物业公司统一安排和分配摊位。小区摊位的租价是周一到周五 300 ～ 400 元 / 晚，而周末则需要 500 ～ 600 元 / 晚。至于小摊的水电也是从小区的大堂里接出来的。对于这种情况，小区业主们均表示从来不知道物业公司收取小区摊位费的标准，也不知道收取的租金去向，而且物业公司对摆摊所用的水、电费用也从来没有进行明细公示。

相关部门了解具体情况后，找物业公司相关负责人进行谈话，并要求其停止小区摊位的出租，避免小区业主的日常生活受到影响。同时将之前收取的摊位费以及租金使用情况向全体业主公示。

一个月后，该小区业主刘女士打电话告知相关部门，说小区的摆摊现象几乎已经没有了，小区环境好了很多，物业公司还向全体业主公示了所有业主共有部分的收益，并向全体业主致歉。

案例分析

虽然《民法典》中对建筑物共有部分的收益归属进行了明确规定，但是在实际操作中，由于种种原因，业主与物业公司之间还是会因为具体的收益分配问题产生纠纷。

《民法典》第二百七十四条规定："建筑区划内的道路，属于业主共有，但是属于城镇公共道路的除外。建筑区划内的绿地，属于业主共有，但是属于城镇公共绿地或者明示属于个人的除外。建筑区划内的其他公共场所、公用设施和物业服务用房，属于业主共有。"在本案例中，物业公司将小区的道路进行出租，这属于侵权行为，侵占了小区全体业主的共有部分，需要承担一定的民事责任。

《民法典》第二百八十三条规定："建筑物及其附属设施的费用分摊、收益分配等事项，有约定的，按照约定；没有约定或者约定不明确的，按照业主专有部分面积所占比例确定。"业主作为建筑物区分所有权人，各共有所有权人可依规约或其共有持份，获得因公用部分所生利益之权利。而《物业管理条例》第五十四条规定："利用物业公共部位、共用设施设备进行经营的，业主所得收益应当主要用于补充专项维修资金，也可以按照业主大会的决定使用。"所以，利用小区共有部分经营所获取的收益应归业主所有。而物业公司或其他管理人基于业主的委托接管小区物业的，仅仅充当代理服务机构的角色，其擅自利用小区共有部分进行经营活动并将所得收益收入囊中的行为是没有任何权利基础和法律依据的，而且所得收益应当主要用于补充物业费的不足、业主的其他各项开支或划归房屋的维修基金和房屋公用设施专用基金，也可以按照业主大会的决定进行使用。

依据业主与物业公司的约定，基于招商时所花的成本和经营管理上投入的劳动，物业公司可适当获得部分公共收益，以满足其管理成本和一定的利润要求。值得注意的是，物业公司获取的报酬并不是基于“物业”管理，即物权而产生的利益，而是基于委托合同，即债权而获取的利益。

处理技巧

物业公司将小区的共有部分以摊位的形式出租，首先，要考虑在小区摆摊是否影响业主们的日常生活，同时征询业主们的同意。其次，将摊位出租收取一定的摊位费，要向业主公示摊位费所获得收益。当然，如果业主们不同意物业公司将小区共有部分出租，物业公司要立即停止该行为，避免与业主产生矛盾。

小区公共部分出租纠纷

典型案例

2020 年 5 月某小区的物业公司私自将小区内的一间 20 多平方米的传达室出租给他人经营。而小区业主们认为在购房时已将传达室分摊入所购房屋的建筑面积，对传达室拥有所有权，在与物业公司签订《物业服务合同》的时候也明确了业主们的共有部分。物业公司未经业主们的同意，擅自将传达室进行出租，这侵犯了业主们的合法权益。于是 2020 年 12 月业主们向法院提起诉讼，控告物业公司侵犯业主们的合法权益，而且出租传达室的收益也从未向业主们公示过，要求物业公司进行赔偿。

经法院审理，查明了具体情况，确认物业公司确实侵权，要求物业公司将传达室以及收益归还给小区业主，并赔偿业主们违约金 1 000 元。

案例分析

《民法典》第二百七十一条规定："业主对建筑物内的住宅、经营性用房等专有部分享有所有权，对专有部分以外的共有部分享有共有和共同管理的权利。"第二百七十四条规定："建筑区划内的其他公共场所、公用设施和物业服务用房，属于业主共有。"所以，案例中的传达室是属于业主共有，业主享有共有和共同管理的权利。共有的权利是指不得单独转让，不得分割，处分专有部分时共有部分权利一并转让。所以，全体业主共同共有的权利应当共同管理，不得私自占有、使用或收益，不得损害全体业主利益，应当遵照物业管理的统一要求行使共同管理的权利，更应当遵守法律法规的规定和社会公德。综上所述，本案例中物业公司私自将传达室出租就是占用业主们的共有部分，需要承担一定的责任。

在实践中，很多物业公司都会将小区的公共部分出租以谋取一定利益，其实这是一种侵权行为。因为业主对小区内的共用部位、共用设施设备共同拥有所有权，共同决定如何对其使用、收益以及收益的分配等，因而业主个人或物业公司占用小区内的共用部位、共用设施设备包括利用其经营的，应当征得全体业主的同意。对于出租的公共部分所得收益，也应当归业主所有，由共同拥有所有权的业主决定如何利用，业主个人或物业公司不得私自占有。

处理技巧

小区公共部分属于全体业主共有，物业公司想要将公共部分出租应该征得业主们的同意，如果业主们不同意，物业公司要耐心劝说，并告知业主将公共部分出租能够带来的收益，这部分收益能够改善小区的物业管理服务。如果业主同意，要在不影响业主使用的情况下进行出租，出租所得收益应该向业主公示。

公共资金分配纠纷

典型案例

2020 年 7 月 25 日，某小区业主委员会与某物业公司签订物业管理服务委托合同，主要约定如下：业主委员会将小区的物业管理服务委托给物业公司，物业公司承担房屋建筑主体共用部位（楼盖、梁柱、屋顶、门厅、停车场、设备机房、公共娱乐设施等）的维修、养护和管理，承担房屋建筑主体共同设施设备的维修、养护、管理和运行服务等十项管理服务项目。在签订《物业服务合同》后，物业公司于 2020 年 8 月 1 日进驻小区。

在履行《物业服务合同》的过程中，业主委员会与物业公司及业主之间产生争议，各方无法达成一致，2020 年 12 月 25 日，物业公司将物业管理人员撤离小区，中止《物业服务合同》的履行。物业公司退出小区后，业主委员会另行与他人签订《物业服务合同》。

2018 年 12 月 31 日，业主委员会将原物业公司起诉至法院，请求法院判令核算原物业公司经营成本后，剩余 68 500 元的收益应全部退还。原物业公司则表示其收入已全部用于履行物业服务合同还有不足，并不存在盈利，而且提供了其在小区提供管理服务期间的财务收支明细表及相关账务账册和凭证，在其提交的“小区 2020 年 8 ~ 12 月财务明细”列明：收入项目为物业费 125 892 元、车位费 204 562 元、门面租金 65 423 元、广告收入 45 687 元、水费 55 641 元、电费 35 421 元、暖气费 25 625 元，收入合计 558 251 元（含预收的物业费、车位费等共计 115 464 元）；业主欠缴的物业费 205 689 元。支出工资、电梯维修费、水费、电费等共计 485 965 元。在支出明细中列有“办公室装修 25 600 元”。

经法院审理后，认为业主委员会与物业公司签订《物业服务合同》时的意思表示真实，从订立合同到物业公司撤离小区中止履行合同的期间内，业主委员会没有召集业主大会或采取其他方式否认物业服务合同的法律效力，也没有业主依法请求法院撤销物业服务合同。因此，双方《物业服务合同》中关于共用场地、共用设施收益处分的条款是有效的。关于收益返还问题，按照合同第四条第三款第三项约定，对广告及门面房收益由双方进行利润分成，但在该合同中并未明确约定其分成比例，法院酌情决定对该收益或利润由双方进行均分，即各 50%。物业公司提供的“小区 2020 年 8 ～ 12 月财务明细”显示门面租金和广告收入总计为 111 110 元，其中预收款项为 25 241 元，即实际的门面租金和广告收入为 85 869 元，故物业服务公司应退还业主委员会 42 934.50 元（50%）。判决物业公司于本判决生效后十日内退还小区业主委员会 42 934.50 元。

案例分析

《民法典》第二百七十四规定：“建筑区划内的其他公共场所、公用设施和物业服务用房，属于业主共有。”而且在本案例中，《物业服务合同》中还有约定：“广告及门面房等收益分配按实际情况分配；小区内的投放广告内容须经业主委员会审核同意，不得有损物业整体形象、品位，不得干扰业主的正常生活；小区公共区域的广告位等公共设施，权属归全体业主，其收益由业主委员会、物业公司进行利润分成。”所以，本案中涉及共有部位的经营决定权以及收益支配权，属于应由业主共同决定的事项，应当经专有部分占建筑物总面积过半数的业主且占总人数过半数的业主同意。该小区已经成立业主大会，应当通过业主大会决议的形式作出，业主委员会只是业主大会的执行机构，执行业主大会的决定事项，而不是业主委员会擅自与物业公司签订《物业服务合同》进行约定。本案件中，业主委员会未经业主大会授权擅自签订《物业服务合同》，约定全体业主共同管理的事项，行为已经超越了其职责权限，业主委员会需要承担一定的责任。

按照《民法典》的相关规定，“违反法律、行政法规的强制性规定”的合同无效。但法院却以业主委员会与物业公司签订的《物业服务合同》是双方真实意思表示为由，认为虽然在该合同中业主委员会在没有依据《民法典》的相关规定取得业主授权的情况下对小区共用场地、共有设施等进行经营活动取得收益进行处分，但从订立合同到物业公司撤离小区中的履行该合同期间内，业主委员会没有召集业主大会或采取其他方式否认该合同效力，也没有业主依据《民法典》请求法院撤销该合同，据此认为该合同中关于共用场地、共用设施收益处分的条款有效。

本案例中，关于物业公司管理服务期间全部收益数额，法院认为原被告双方未能提出物业管理收入、支出的合理性、合法性以及成本支出核算的书面依据，于是以“小区 2020 年 8 ～ 12 月财务明细”为基础计算收益数额并无不当。同时，在认定原被告双方签订合同有效的情况下，判决物业公司将收益额的 50%，即 42 934.5 元返还业主委员会，是合理的。

处理技巧

（1）公共资金属于业主共有，物业公司在对公共资金的分配上要经过业主大会的同意，不能擅自决定。如果物业公司在没有经过业主大会的同意，擅自分配公共资金，需要承担一定的责任。

（2）物业公司对公共资金的收入、分配与使用要定期向业主们公示，可以有效避免与业主之间的纠纷。

物业公司利用人防工程获取收益引发纠纷

典型案例

在某小区的地下车库的入口处放着一个巨大的广告灯箱。“6 月 25 日抢租车位。总价 16.8 万元起 10 年租权。”几个大字十分显眼。下面一排小字更让人“心动”:“1 000 户业主，仅余 250 个负二层车位，最后一波，不抢没道理!

10年租期满后，无偿使用。”广告牌罗列了摇号的具体日期和详细流程，落款是该小区的物业公司。

该小区的业主田女士称，物业公司的这种举动使业主们十分不满，“摇号”活动至今没有举办，而且广告中的这250个负二层车位都是人防车位，没有产权，只能用于出租。有十几个业主付钱租了10年，后来有的业主觉得没产权不靠谱，要求退款，但是物业公司不同意。

另一位业主吴先生说：“人防车位没有产权。根据人防工程‘谁投资谁收益’的原则，业主作为投资人，人防车位收益应该归业主所有。现在相当于物业公司让业主掏钱购买本来属于自己的东西，太不合理了。”

而物业公司的负责人说：“6月20日，为保障车位租赁业主权益，物业公司曾把房屋所有权证、房产测绘成果报告等资料张贴在业主公告栏公示。公示资料显示，房屋（含地下2层）所有权人为某物业公司。根据《中华人民共和国人民防空法》（以下简称《人民防空法》）的规定，人防工程平时由投资者使用管理，收益归投资者所有。开发商作为投资者，显然收益归开发商所有。本公司属于开发商的子公司，自然有权处分该停车场。”

案例分析

“人防工程”的正式名称为人民防空工程，是应防空要求而修建在地下或半埋于地下的民用建筑物。《人民防空法》第二十条明确规定：“建设人民防空工程，应当在保证战时使用效能的前提下，有利于平时的经济建设、群众的生产生活和工程的开发利用。”第二十六条规定：“国家鼓励平时利用人民防空工程为经济建设和人民生活服务。”因此，在平时对人防工程进行开发利用是有法律依据的。本案例中，开发商将其用于停车场是合理的，不触犯任何法律法规的规定。

人防工程在住宅小区内也多有存在，往往被充分利用。特别是用于小区的停车，也有用作商场的情况。《人民防空法》对人防工程的投资建设、使用管理及收益也作出了规定，该法第五条规定：“国家对人民防空设施建设按照有关规定给予优惠。国家鼓励、支持企业事业组织社会团体和个人，通过多种途径，投资进行人民防空工程建设；人民防空工程平时由投资者使用管理，收益归投资者所有。”就目前住宅小区的人防工程建设而言，多为建设单位投资。所以，建设单位投资建设的人防工程应该由其使用与管理，收益也应归其所有。

作为住宅小区的物业公司，其管理与服务源于《物业服务合同》的约定，无论是前期物业管理服务还是普通物业管理服务，物业公司或是经过建设单位的选聘，或是由业主大会选聘，都是基于授权，是可以利用人防工程取得收益的。因此，本案例中，物业公司利用人防工程获取收益并不违法，不需要承担任何法律责任。但需要注意的是，如果遇到战争或者大型灾难，人防工程要无偿提供给国家使用。

处理技巧

物业公司利用人防工程获取收益，要提前告知小区业主，让业主清楚知道人防工程的归属，这样业主也能更好地接受物业公司的做法。

小区专用停车场收费标准引发的纠纷

典型案例

安顺某小区业主陈先生称，根据房地产开发有限公司制定的收费标准，他们一个月将缴纳 900 元停车费，而房地产开发有限公司售卖的停车位价位在 10 万 ~ 20 万元，业主们认为停车费和停车位售价过高。于是小区业主纷纷把车停在行车道上，小区门前三车道就变成了一车道，不仅占沿街的车道，靠近隔离绿化带侧的车道也排起一条长龙。而小区的地下车库，大多车位都处于空置状态。

有业主说：“之前小区的停车费一个月 600 元，后来停车费又改变了几次，现在一个月 900 元，我们不能接受，只好停在路边。”

而物业公司负责人胡先生则说：“向业主销售车位的定价，是根据建设成本、供需关系等市场因素做出，是市场调节的行为。而且小区地段好，周边有超市、酒店、配套设施完善。因此，物业公司并不认为停车位售价过高。”

于是，物业公司与业主的矛盾一直存在，业主依旧将车停放在行车道上，小区内的车位依旧处于空置状态。

案例分析

本案例是关于小区专用停车场收费标准引发的纠纷。

根据《国家发展改革委关于放开部分服务价格意见的通知》的规定，现在我国已经开放住宅小区专门停车场收费标准。因此，物业公司在进行小区专门停车场收费时一定要符合国家相关的收费标准。在本案例中，由于物业公司提高停车费的收费标准才引发的纠纷，物业公司应该很好地与业主沟通，同时确保停车场的收费标准符合国家要求。

处理技巧

物业公司对小区专用停车场进行收费，其收费标准需要符合国家规定，不能擅自乱收费。同时，也需要提前告知业主收费标准，让业主清楚知晓。

小区临时停车收费引发的纠纷

典型案例

某小区业主王先生说：“小区的临时停车收费新政出台让很多业主感到不

满，这次车辆管理系统升级后，除了买或者租车位的车辆进入小区不收取费用外，其他车辆进入小区按停车时间收费这个政策，我认为很不合理。我买了房子给我父母住，我没买车位，但是偶尔回来吃个饭或者住一晚也要按照这个规定收取临时停车费？逢年过节，家里亲戚朋友来走亲访友也要按停车时间收取临时停车费，那谁还来家里做客呀！而且车辆进入小区时，物业公司不做任何提醒，当车辆出去的时候就来收取临时停车费，不交钱还不让出去，这不明摆着欺负业主。”

另一位业主王女士也说：“地上停车费以及临时停车费的收支状况，物业公司也从来没有公布过，这些收益的去向物业公司也从来没和业主说过。”

而物业公司的相关负责人徐经理却称他们正在积极协调处理与业主的误解与矛盾。徐经理表示：“附近很多小区都在实施临时停车收费，他们只不过是把之前取卡收费换成了现在的拍照收费。而且物业公司也在小区门口摆放的车辆临时停放通知显示，进入小区临时停车 1 小时以内免费，1 ~ 4 小时收费 3 元，4 ~ 8 小时收费 5 元，8 ~ 24 小时收费 10 元。政府文件规定超过 40 分钟就开始收费，我们把时间延长到 1 个小时，已经为业主考虑了。而对于业主质疑物业公司收取地面公共停车费以及临时停车费用收支未公开以及支出情况不明的问题，物业公司每年的 1 月和 7 月都会公开前一年下半年和当年上半年的公共费用收支情况，业主有质疑可能是没有及时查看到。”

由于大多数业主投诉该物业公司，于是有关部门进行走访。经调查发现，该物业公司是按照一级资质五星级服务标准来收取临时停车费的，同时也提供相应的标准服务。但是在车辆管理上确实做得不对，相关部门也与该物业公司负责人进行了谈话，要求其在车辆管理上应该更加人性化，对于产权人即使自己不在小区内住，也应该在出入时给予方便；对于临时办事或者走亲访友的车辆，也应该将免费时长延长至 2 小时，并在进入时做好提前告知。对于那些长期在小区内停车的，既不买车位也不租车位的，这是在侵占其他业主的合法权益，物业公司应该出台相关规定。除此之外，对于公共停车收费以及临时停车收费所得收益应该告知全体业主，并将其用于小区公共设施维护与建设。

案例分析

根据《民法典》《最高人民法院关于审理建筑物区分所有权纠纷案件具体应用法律若干问题的解释》等法律法规的规定，建筑区划内，规划用于停放汽车的车位、车库应当首先满足本小区业主的需要；停车位不得转让给物业管理区域外的单位、个人；建设单位尚未出售的停车位，应当出租给业主、使用人停放车辆；停车位有空余的，可以临时出租给物业管理区域外的单位、个人；建设单位所有的机动车停车位向业主、使用人出租的，其收费标准应当按照价格主管部门的规定执行。因此，小区的停车位应该先满足业主需求，如果进行临时停车收费，其收费标准也应该符合相关规定，不可乱收费。本案例中，物业公司对小区进行临时停车收费的行为是合法的，但其不合理之处在于不够人性化，才与业主产生纠纷。

现在小区停车位大多是僧多粥少，尤其是城市中心小区为了缓解停车难的问题，还会将小区内公共部位区域用于为进出车辆提供临时停车。利用业主共有的公共区域作为临时停车位，属于《民法典》规定的“改变共有部分的用途或者利用共有部分从事经营活动”事项，应当由业主共同决定。因此，本案例中的小区应该召开业主大会，就临时停车费的收费问题进行决定，同时临时停车位收费标准也应当按照价格主管部门的规定执行。通过业主大会决定的临时停车位收费标准应当在《业主公约》中列明。临时停车的收费标准应该在小区内张贴公告，明码标价。对本小区业主的收费应当施行统一的标准，而对外来临时停车的收费、提价等也应当根据前述程序由本小区业主大会共同决定，并在小区门口张贴公告。本案例中，物业公司在没有经过业主同意的情况下擅自决定临时停车收费确实不对，侵犯了业主共同管理的权利。

对于临时停车收费最重要的一点是不能乱开价。目前，小区临时停车位等各类停车费基本由各区县价格主管部门各自制定最高收费标准，各个小区可以结合自身情况，在价格主管部门公布的指导价格以内设定具体价格。除此以外，根据各区县价格主管部门的相关规定，小区内临时停车费收费标准还应当进行相应的价格申报、审核或备案。所以，小区的临时停车收费标准要按照有关规定执行，不可乱收费。

处理技巧

（1）物业公司如果对临时停车进行收费的话，要经过全体业主的同意，临时停车收费的标准也要经过业主大会决定并符合国家相关规定。

（2）对于临时停车收费所得的收益，应该归业主所有，物业公司要向业主公示，避免双方产生矛盾。

（3）对于业主或者业主的访客，在临时停车收费上要进行人性化管理，多为业主考虑，给予更多的方便，避免业主投诉。

第3章 物业客服岗位纠纷的沟通处理

物业客服岗位最重要的工作就是沟通，沟通是信息的交流、思想的互动、情感的通融，良好的沟通能够让业主更好地了解物业公司的管理服务，能够增加业主对物业公司的理解与信任，共同构建和谐的小区环境。所以，沟通的技巧与方法很重要，下面通过典型案例帮助大家解决问题。

业主认为物业服务人员态度不好，拒绝缴纳物业费

典型案例

张先生是某小区的业主，由于小区门口存在乱停放摩托车的问题，由于物业公司缺乏管理，导致进出困难。于是张先生去找物业公司理论，让其做好小区门口摩托车的停放管理。

面对张先生的投诉，物业服务人员态度非常不好，说："小区门口不属于物业管理范围，别人乱停放，我们也管不了。"于是对张先生的投诉置之不理，还让张先生别管了。

对于物业人员这样的态度，张先生很生气，认为物业服务人员态度不好，而且物业管理服务与收费标准并不相当，于是拒绝缴纳物业费。

为此，小区物业公司于 2020 年 12 月将张先生起诉至法院，要求张先生立即支付拖欠 2019 ~ 2020 年的物业费 2 530 元及水电费 689 元，合计为 3 219 元。

法院经审理认为，业主张先生认为物业公司服务人员态度不好，工作不到位，但是，仅是张先生的个人陈述，没有提供证据予以证明。因此，法院对于张先生的主张不予支持。最终，法院判决要求业主张先生缴纳拖欠的所有费用，即支付物业公司物业费 2 530 元及水电费 689 元，合计为 3 219 元。

案例分析

物业公司提供的物业管理服务未达到约定标准或物业公司提供的物业管理服务存在瑕疵是业主拒绝缴纳物业费最常见的理由。针对业主提出物业管理服务质量不达标的抗辩，应当秉持以下两个原则：一是坚持质价相符原则。物业公司提供服务的标准应当与服务收费标准相适应，物业公司不得高标准收费低标准服务；二是有利于物业管理持续优化原则。物业服务合同具有整体性的特点，物业管理服务质量应当由全体业主集体进行综合评价，如果个

别业主动辄以不满意物业管理服务质量为由拒绝缴纳物业费，会造成物业公司管理服务经费的不足，物业公司经费不足会进一步导致管理服务质量的恶化，最终损害的是全体业主的利益。

对于物业公司提供管理服务是否达标的问题，按照其严重程度可分为一般情况和严重情况两种。一般情况是指物业公司提供的物业管理服务虽然不完全合乎标准，但仅为局部性、较短时间内的怠于管理服务，并未造成非常严重的后果，听取业主意见后能够及时采取补救整改措施。严重情况是指物业公司长期怠于提供服务，疏于管理，造成小区物业管理范围内的设备、环境卫生、安保、绿化、公共秩序等方面持续严重恶化，严重影响全体业主的正常生活，虽经业主屡次反映但仍拒不整改。不管哪一种情况，物业公司都要避免发生，力争为业主提供达标的服务。如果不幸发生了服务未达标的情况，而且还比较严重，则可以酌情为业主减免物业费，以安抚业主。

处理技巧

（1）面对业主投诉物业服务人员态度不好的情况，物业公司要对业主投诉的服务人员进行思想教育、处分或者罚款处置，让其吸取教训，改变服务态度，并让其向业主道歉。

（2）物业公司要加强物业人员的培训与管理，让他们以最好的服务态度服务于业主。

（3）对于以物业人员服务态度不好为由不缴纳物业费的，物业公司要进行耐心劝说，并让业主熟知《物业服务合同》的约定，让业主按时缴纳物业费。

房屋长期空置，业主拒绝缴纳物业费

典型案例

2018 年 9 月业主周先生一家搬离以前所住的小区，房屋长期处于空置状态。周先生搬离后，认为自己没有享受到物业管理服务，便不再缴纳物业费。为此，物业公司将业主周先生起诉至法院，称周先生自 2019 年 1 月开始没有缴纳过物业费，在此期间，他们多次打电话让周先生缴纳物业费，但周先生一直未予理睬，他们公司请求法院判令周先生支付逾期的物业费。

庭审中，业主周先生辩称，他已在 2018 年 9 月搬离该小区，房屋长期空置，他和家人并没有享受物业公司提供的物业管理服务，物业公司不应向其收取物业费。即使要收取物业费，也应该合理收取，由于房屋长期空置，只愿意缴纳一半的物业费，但是被物业公司拒绝。

法院审理后认为，物业管理服务具有公共性，它的价值在于满足公共性管理服务的同时，达到对整个小区环境品质的提升。从这个意义上说，即使业主没有使用房屋，但不影响物业公司对整个小区提供公共用地的清洁、安全保卫、绿化的养护、公共设备的维修等管理服务工作，物业费中大部分是为全体业主公共部分的管理、共用设备设施维修而支出的费用，并非针对个别业主。《最高人民法院关于审理物业服务纠纷案件具体应用法律若干问题的解释》第六条规定："物业服务企业已经按照合同约定以及相关规定提供服务，业主仅以未享受或者无须接受相关物业服务为抗辩理由的，人民法院不予支持。"周先生作为该房屋的所有人，缴纳物业费是应承担的一项基本合同义务，周先生在该小区居住期间接受了物业公司的管理服务，并缴纳了物业费，表明周先生对物业公司的物业管理服务不持异议。所以，即使房屋长期空置，但依旧接受物业公司的管理服务，周先生应当履行按时缴纳物业费的义务。

综上所述，法院判令周先生向物业公司支付逾期的所有物业费。法官庭后表示，法律已经明文规定了业主房屋空置也不能拒不缴纳物业费，所以业主如不居住房屋应提前与物业公司妥善协商物业费收取的标准问题，如协商不成仍应按《物业服务合同》约定缴纳。

案例分析

在现实的商品房买卖合同关系中，存在大量购买后未入住的情况，即办理了房屋交接手续，但未实际入住的情况。在我国的现行法律法规的规定中，尚未明确对“空置房”进行定义。一般认为，房屋空置是指业主已经购买了房屋但实际长期未居住使用的状态。

对于空置房屋的物业费收取标准，实质是对“空置房”收取物业费是否可以打折、如何打折问题的探讨。一方面，物业费的构成主要包括垃圾清运费、保洁费、绿化费、安保费、化粪池清运费、公共照明电费、电梯运行费、小区公共设备设施维修费等。也就是说，物业费大部分属于为全体业主共有部分的管理与维护所支出的费用，这些成本不会因为某一业主是否入住发生变化和改变。另一方面，空置房的确在一定程度上降低了垃圾清运负担、减少了电梯能耗、减少公共设备的使用等，原则上应当酌情对物业费给予一定减免。但是，根据物业费的上述用途，物业管理服务的目的在于维护和保障物业管理的正常运行，它不是基于某一业主对物业的实际使用而产生的。在业主没有入住房屋的前提下，物业及其周边环境仍然需要被维护与管理，以保证业主能够正常享受物业管理服务，业主作为受益人，应当承担相应的费用。

《物业服务收费管理办法》和《物业管理条例》中对于空置房屋的收费问题没有明确规定。目前，各省份的有关物业管理服务收费的地方性法规或规章中对空置房屋的物业费收取标准的规定也不尽相同。有的规定房屋经物业公司和业主或物业使用人双方确认水、电、燃气表起止数均未走动，由业主或物业使用人按照 50% 的标准缴纳；有的规定业主购买房屋后从未入住或入住后不使用期限连续超过 6 个月的，经物业公司登记确认后，由业主按照

70% 的标准缴纳；有规定连续 3 个月以上无人居住、使用或进行装修的房屋，空置期间按 20% 的标准缴纳物业费，但业主空置房屋的起止时间，应事先或事后告知物业公司，并办理相关的手续。因此，如果《物业服务合同》中对于空置房物业费作出明确约定的，从其约定；未明确约定的，按照实际情况执行。

因此，本案例中，业主周先生以房屋长期空置而不缴纳物业费的说法是不成立的，物业公司应该向其收取物业费。

处理技巧

物业公司要加强对业主缴纳物业费的管理，如果业主长期没有缴纳物业费，物业公司要询问业主不缴费的具体原因。如果业主表示房屋长期空置，物业公司需要查看确认属实，然后与业主协商，可以通过减少物业费等方法来让业主缴纳物业费，或者告知业主相关的法律法规的规定以及《物业服务合同》中的约定，让业主自觉缴纳物业费，避免物业公司的损失以及其他业主的利益受到损害。

底层业主不愿缴纳电梯服务费

典型案例

刘先生是某小区的业主。他住在楼房的第一层，以不使用电梯为由，拒绝缴纳电梯费，而其他物业费则如数缴纳。2019 年 7 月，刘先生所在小区物业公司将其起诉到了法院，要求他缴纳 2013 年 7 月至 2016 年 6 月以及 2017 年 7 月至 2019 年 6 月的电梯费，共计 9 300 余元，以及逾期滞纳金 500 元，并承担诉讼费。

物业公司要求交费的理由是，刘先生入住时，与公司签订了《前期物业管理委托合同》，合同约定物业费收费标准为 2.5 元 / 建筑平方米 / 月，其中电梯费的收费标准为 1 元 / 建筑平方米 / 月，未按期缴纳物业费的按日加收滞纳金 3%。

刘先生认为，作为一层业主，进出家门根本不用坐电梯，自己不是电梯的受益人，没有必要缴纳电梯费。当初自己确实和物业公司签订了《前期物业管理委托合同》，规定每年要交包含电梯费在内的物业费，但当时如果不签订合同就拿不到钥匙，物业公司的这种做法是霸王条款，所以合同本身不具有合理性。

法院经过审理之后，对这起纠纷作出了如下判决：刘先生支付 9 300 余元电梯费，驳回了物业公司 500 元滞纳金的请求。

案例分析

首层住户也要交电梯费，这是有一定原因的，并不是物业公司不讲理、乱收费。

第一，电梯费应全体产权人分摊。

高层住宅中的首层住户在没有特殊约定的前提下，应该与其他楼层住户一样，承担电梯运行维护费。

一栋住宅，按所有权可划分为两部分，即专有部分和共有部分。专有部分是指各产权人独立使用的单元空间，共有部分是指不属于单个产权人所有而供全体产权人使用的空间、部位、设施和设备。高层住宅的电梯系统属共有部分中的共用设备，共有部分的特性是：产权上属全体产权人所有，功能上供全体产权人使用，实物形态上不能分割给各产权人。按照我国现行物业管理的有关政策规定，住宅专有部分由产权人自行负责维护管理，住宅共有部分由物业管理企业统一负责维护管理，其费用由全体产权人分摊。自然，电梯运行维护费用也应由全体产权人分摊。所以，首层住户也应该分摊电梯费。

第二，首层住户不交电梯费，会引起连锁反应。

如果首层住户以不能乘电梯为由拒绝缴纳物业费中的电梯运行维护费，则会引起一系列的连锁反应，二层住户就会以不需要电梯服务为由（自己爬楼梯），拒绝缴纳电梯运行维护费，三层、四层甚至高层的住户都会以同样的理由拒绝缴纳电梯费，其结果是大家都拒绝缴纳电梯费，电梯服务因而停止。这样最终损害的将是全体业主的利益。

由此可见，首层住户缴纳电梯费是比较合理的。但是，我们也不排除首层不交的特殊情况，这种情况存在的前提条件是：房屋销售前，房屋使用管理维修公约中明确规定并经全体购房人认可，或者楼内全体产权人会议明确决定首层住户不用交电梯运行维护费。

在上述案例中，刘先生并不属于这种特殊情况，所以应缴纳电梯费。

处理技巧

（1）对于物业管理公司来说，遇到这种纠纷，应该给业主讲清楚相关的法律知识和道理，尽量和业主协商解决问题。

比如，可以讲述相应的法律法规。

《民法典》第二百七十三条规定："业主对建筑物专有部分以外的共有部分，享有权利，承担义务；不得以放弃权利为由不履行义务。"

（2）虽然起诉也能解决问题，但不应该作为解决物业纠纷的主要选项，因为与业主打官司一方面要耗费大量的时间、金钱和精力，另一方面也会使双方关系彻底闹僵，不利于以后的物业管理服务。

这时，物业管理人员就要有一定的耐心，可以和业主规范礼貌地"打持久战"，绝不能在沟通的过程中轻易发脾气，说狠话，出言讥讽。很多人的时间、精力是有限的，不可能为了一些不重要的纠纷而长时间地纠缠，面对物业管理人员的"软磨硬泡"就会作出妥协，从而很快解决问题。

物业公司替业主代收邮寄包裹丢失纠纷

典型案例

吴女士是一名上班族，家住广东一县城某小区。由于上班期间不方便接收快递，于是她留了自己家里的地址。2019年6月26日网购了不少衣服、鞋子、首饰、化妆品等生活日用品。6月29日快递包裹到达了，吴女士就让快递员把包裹放在物业公司。下班后，当吴女士到小区物业公司拿快递包裹时，却发现包裹不见了。

吴女士认为是物业公司把包裹弄丢了，应该赔偿自己的经济损失。

物业公司认为，业主让快递员把包裹放在物业公司，并没有事先要求物业公司帮忙代收。因此，包裹丢失与物业公司无关，物业公司不接受吴女士的赔偿要求。

在索赔无果的情况下，吴女士向法院提起诉讼，要求物业公司赔偿经济损失。

案例分析

对于包裹的收取，应尽量采取本人签收的方式，尤其是贵重物品。如果当天不方便接收可以让快递员改天再送达。如果确实需要请人代收，最好事先与其达成口头或书面协议，明确约定委托代理事项及风险程度，明确双方的权利义务，以防止出现问题时失去追究责任的权利。

在我国并没有相关法律法规规定小区门卫或者物业公司有代收邮寄包裹的义务，签收邮寄包裹是收件人自己的事情，和其他人无关，除非在小区的物业管理协议上标注有此项服务。但如果业主有这类需求，在物业公司也同意的情况下，双方应就包裹如何代收、如何认定责任等问题进行协商，并签订协议，以免出现纠纷后责任难以界定。

本案例中，如果是未经收件人吴女士同意，快递员擅自将快递交给小区物业公司签收，由此出现快递遗失的问题，快递公司应当承担全部责任。

但是吴女士已经同意快递员把邮寄包裹放在小区物业公司，因此，快递公司便没有责任。而且吴女士擅自让快递员把邮寄包裹放在物业公司，并没有经过物业公司的同意，这种行为属于无偿的委托合同，因受托人的故意或者重大过失给委托人造成损失的，委托人可以要求赔偿损失。如果吴女士没有足够证据证明物业公司存在故意或重大过失，则损失只能自己承担。

处理技巧

物业公司是否替业主代收邮寄包裹，物业公司在签订《物业服务合同》的时候应该与业主做好约定，如果合同上有约定，则物业公司应该做好保管义务；如果无约定，则物业公司应该拒绝代收邮寄包裹，并告知业主如果代收邮寄包裹丢失，所有的责任应由业主自己承担。只有明确了这些规定，才能有效地避免物业公司与业主之间因为代收邮寄包裹而产生纠纷。

物业人员操作不当导致业主财产损失纠纷

典型案例

2020 年 3 月 9 日，某小区因为 15 栋和 16 栋楼之间的一处水管陈旧，需要进行更换，由于物业人员操作不当导致 15 栋楼门前停车场业主堆放的所有建筑材料泡水而无法使用。这些建筑材料是业主白先生的，他家最近在装修，这些材料刚到，还没来得及搬上楼，就被水泡了，已经无法使用。于是白先生找到物业公司，要求物业公司赔偿损失。

物业公司则表示，3月8日就已经向15栋和16栋的业主说明了要更换水管的事情，也让业主不要在要换的水管附近堆放东西。而业主白先生还将建筑材料放在水管附近，由于新安装的水管被水压冲破，导致白先生的建筑材料泡水，白先生也有一定的责任，不能把责任都推给物业公司。

白先生不同意物业公司的说法，坚持要物业公司进行赔偿。多次协商之后，物业公司只好让步，表示赔偿白先生被水泡的建筑材料70%的费用，总共2 756元。白先生也接受物业公司的赔偿，最终这件事得以解决。

案例分析

《民法典》第一百八十六条规定："因当事人一方的违约行为，损害对方人身权益、财产权益的，受损害方有权选择请求其承担违约责任或者侵权责任。"《物业管理条例》第三十五条规定："物业服务企业应当按照物业服务合同的约定，提供相应的服务。物业服务企业未能履行物业服务合同的约定，导致业主人身、财产安全受到损害的，应当依法承担相应的法律责任。"在本案例中，由于物业公司没有履行与业主之间的约定义务，导致小区内的住户财产损失，住户的财产损失与物业管理公司疏于管理服务的行为之间有因果关系，则物业公司应承担违约责任。

处理技巧

（1）物业公司在小区内进行任何施工都应该确保操作正确，避免操作不当给业主造成财产损失。

（2）在日常管理和服务过程中，要始终将业主的利益放在首位，以前瞻性的工作方法考虑问题。在施工之前，一定要对施工场地周围的环境进行再三确认，避免损害业主的利益。

（3）当物业管理人员的操作不当已经给业主造成损失的，物业公司应该根据相关的规定给予业主相应的赔偿损失，同时向业主赔礼道歉，并承诺以后一定做好物业管理服务，避免因工作失误给业主带来损失。

小区业主违章搭建引发的纠纷

典型案例

罗先生与段先生于 2018 年分别购买北京某小区的叠拼别墅各一套，罗先生与段先生是邻居。

2020 年交房入住后，罗先生在装修过程中将其一、二层间挑梁用混凝土密封，在上部加建钢结构玻璃阳台。段先生找物业公司要求其出面制止罗先生的违章搭建行为，要求罗先生将钢结构玻璃阳台拆除。物业公司以罗先生是在自己家房屋内改建，对此未予理睬。段先生只好向法院起诉罗先生与物业公司。

段先生诉讼至一审人民法院称，罗先生违反《物业服务合同》的约定，私自改建房屋挑梁，现提起诉讼要求罗先生拆除在装饰挑梁上搭建的玻璃钢阳台，将房屋恢复原状。物业公司作为小区的管理者，并未依照《物业服务合同》的约定履行物业管理服务义务，其私自同意罗先生违章搭建，故物业公司应当与罗先生一起来承担赔偿责任，要求物业公司与罗先生共同赔偿房屋无法采光通风的损失。

罗先生辩称，房屋属于叠拼别墅，对房屋享有产权，可以在自己享有产权的别墅内进行改建，而且改建行为已事先经过物业公司的同意，故段先生无权干涉。

物业公司辩称，罗先生在装修前确实向物业公司申请了装修的项目，其中仅包括挑梁用玻璃钢和混凝土加固，并未写明是改建为玻璃钢阳台，故物业公司事先对业主罗先生的改建行为并不知情。

一审法院判决如下：罗先生将加建的玻璃钢阳台拆除，恢复挑梁原状；罗先生与物业公司赔偿段先生经济损失 9 000 元。

判决后，罗先生对此判决不服，上诉至二审人民法院，上诉理由：房屋的改建行为事先经过物业公司同意，且是对自己享有产权的别墅房屋进行改建，并未影响到他人的合法利益，法院的判决缺少法律依据，上诉要求依法改判驳回段先生的诉讼请求。

物业公司也对此判决不服，上诉至二审人民法院，要求依法改判撤销一审法院判决的第二项。二审人民法院经审理后认为，小区《业主公约》中明确约定小区业主有义务维护小区整体的外观与美观，罗先生作为小区业主也应当履行相应的义务。罗先生将挑梁改建为玻璃钢阳台，改变了房屋的整体结构，严重影响小区的整体外观与美观，妨碍了段先生房屋的通风与采光，已经对段先生的生活构成妨碍，罗先生应当将私自搭建的玻璃钢阳台拆除。由于罗先生的行为给段先生造成了损失，罗先生负有赔偿责任；物业公司未经仔细审查就同意罗先生改建挑梁的申请，在事后也没有按照与业主委员会所签订的《物业服务合同》的约定及时向罗先生发出拆除通知，物业公司应当就其行为与其在本案事发后的不作为行为向段先生承担赔偿责任。最终，二审法院判决维持了一审法院的判决。

案例分析

《物业管理条例》第十七条规定："管理规约应当对有关物业的使用、维护、管理，业主的共同利益，业主应当履行的义务，违反管理规约应当承担的责任等事项依法作出约定。管理规约应当尊重社会公德，不得违反法律、法规或者损害社会公共利益。管理规约对全体业主具有约束力。"业主作为物业使用人并不意味着可以随心所欲地使用小区内的所有物业，业主对房屋享有的是区分所有权，是因为其拥有的共有部位的共有权。按照区分所有权的理论，外墙的 1/2 朝外部分属于共有部位。基于该共有权，全体业主组成业主大会共同决议公共事务的管理。本案例中，罗先生所在的小区的《业主公约》已经明确了小区业主的权利与义务，罗先生的行为理应受《业主公约》的约束，其对房屋外部挑梁进行的更改涉及共有部位的利用，而对这种利用的禁止已经由业主大会作出决议，该小区《业主公约》也有明确规定，小区业主有义务维护小区的整体外观与美观，不得擅自更改房屋的外部结构与用途。因此，罗先生的行为显然违反了《业主公约》的规定，应当承担相应的赔偿责任。

物业公司的权利来源之一是管理规约，其管理行为要受到管理规约的约束。物业公司获得物业管理服务权利的基础是《物业服务合同》。在《物业管理条例》中规定："业主委员会具有决定选聘或解聘物业公司的权利。"但业主委员会是由全体业主产生的，代表的是全体业主的利益。《物业管理条例》中还规定："业主委员会作出的决定不得违反法律、法规以及有关政策、不得违反业主大会的决定，不得损害业主的公共利益。"因此，物业公司要做好管理服务工作，必须遵循全体业主的共同准则，保证全体业主的利益。在本案例中，物业公司基于对业主装修行为的管理权而与罗先生签订了装修协议，但该装修协议违背了业主公约的规定，其同意罗先生私自加盖玻璃钢阳台的行为，也超越了物业公司的管理权限，故该协议对此所作约定为无效。物业公司基于其享有的管理权限，在发现罗先生的违章搭建的行为后，应当及时制止罗先生的违章搭建行为，履行其管理义务。在本案例中，物业公司没有积极行使管理义务，所以需要承担一定的赔偿责任。

处理技巧

（1）对于业主的违章搭建行为，物业公司要及时制止，因为违章搭建侵害的不仅是相邻业主的合法权益，也侵犯了所有业主的合法权益。如果物业公司没有及时制止业主的违章搭建行为，那么将会有越来越多的业主加入违章搭建的行列，会让物业管理服务形同虚设，不利于物业公司的生存与发展，也不利于与业主之间的关系维护。

（2）对于一些业主的违章搭建行为，物业公司如果多次劝说未果，也可以通过法律途径解决。

业主认为自己非物业使用者，拒绝缴纳物业费

典型案例

2019 年 5 月，黄女士购买了某花园小区的一套商品房。该小区的业主委员会成立于 2019 年 10 月，同年 11 月，业主委员会与某物业公司签订《物业服务合同》,约定物业费由某物业公司直接向业主按月收取。从 2020 年 5 月起，黄女士将该套商品房出租给万先生一家使用。从 2020 年 11 月开始，黄女士认为物业费用应由实际使用人万先生交付，并告知物业公司直接向承租人万先生收取。当物业公司向万先生收取物业费时却遭到拒绝，万先生认为物业费应由业主黄女士支付，自己只有支付租金的义务而无支付物业费的义务。

案例分析

本案的焦点是应当由业主还是物业使用人缴纳物业费。

业主向物业公司缴纳物业费是履行《物业服务合同》应尽的义务。《民法典》第五百零九条规定：“当事人应当按照约定全面履行自己的义务。”所以，本案例中业主黄女士应当按时缴纳物业费。当然，如果物业公司没有按照《物业服务合同》的约定履行合同义务，则业主黄女士享有履约抗辩权。而本案例中不存在抗辩理由，因此，业主黄女士应当按时缴纳物业费。

《物业服务合同》与《房屋租赁合同》属于两个不同的法律关系。承租人义务乃是基于房屋租赁合同而产生的，承租人应当履行的是向出租人支付租金的义务，他与物业公司没有法律关系，所以没有向物业公司承担缴纳物业费的义务。承租人应当履行房屋租赁合同约定的义务，而业主应当履行的是物业服务合同约定的义务。这两种义务并非基于同一个合同而产生的，且法律关系人也不一致，所以不能混淆这两种义务。因此，本案例中王先生应该履行的是房屋租赁合同的义务，无须履行物业服务合同的义务，无须向物业公司缴纳物业费。

《物业管理条例》第四十二条规定：“业主应当根据物业服务合同的约定

缴纳物业服务费用。业主与物业使用人约定由物业使用人缴纳物业服务费用的，从其约定，业主负连带缴纳责任。”也就是说，如果业主与物业使用人约定物业费的缴纳，当物业使用人不能按照合同约定缴纳物业费时，物业公司可以要求业主缴纳物业费，业主在缴纳物业费后，享有依法向物业使用人追偿的权利。而本案例中，业主黄女士与承租人万先生并没有约定由承租人支付物业费。因此，物业费应当由业主黄女士支付。

处理技巧

（1）物业公司要耐心向业主说明需要履行的义务以及相关的法律知识，告诉业主应该依法按时缴纳物业费，即使是非物业使用人，而与物业公司签订《物业服务合同》，就应该依照合同约定，按时缴纳物业费，否则需要承担一定的责任。

（2）如果业主与房屋承租人约定了物业费的缴纳事项，物业公司就要问清楚具体由哪一方来交，避免物业公司、业主以及物业使用人之间发生矛盾。

公用设施噪声引发的纠纷

典型案例

2018 年 8 月 20 日，马女士与某房地产公司签订《商品房买卖合同》，购买了某房地产公司开发的某住宅小区住宅楼 25 层 2506 号房屋一套，于 2018 年 9 月办理手续正式入住，并与该小区的物业公司签订《物业服务合同》。该住宅楼内有两部电梯，2506 号房屋的次卧室与公共电梯相邻，共用一面墙。马女士一家人住后感觉当电梯运行时产生的噪声很大，尤其是作为儿童房的次卧，噪声特别大，严重影响了一家人的正常生活。

2019 年 3 月，马女士花费了 3 500 元鉴定费，委托著名建筑环境检测中心针对电梯运行对 2506 号房屋室内噪声影响进行检测，检测结论为：经在 2019 年 3 月 15 日夜间 22 点至 22 点 30 分之间对 2506 号房屋卧室内的噪声进行检测，在东侧电梯和西侧电梯单独运行、东西侧电梯同时运行时，该卧室内的噪声分别为 27.3 dBA 和 31.4 dBA、35.2 dBA，不满足《GB 12348—2008 工业企业厂界环境噪声排放标准》结构传播固定设备室内噪声排放（等效声级）限值中的夜间 1 类声环境功能区标准。

马女士认为，房地产公司作为该房屋的开发商，对维护电梯正常运行时使之不对他人正常生活产生妨碍负有一定的责任；物业公司作为物业管理者，有义务负责公共设施的管理、维修和保养。但是，这两家公司并没有做好应该履行的义务，对其造成了侵害。马女士多次和房地产公司和物业公司协商解决此问题，但是这两家公司都对其置之不理。

2019 年 4 月，马女士将房地产公司与物业公司诉至人民法院，要求人民法院判定：第一，房地产公司、物业公司对其所住住宅楼的电梯采取降噪措施，使其购买的 25 楼 2506 室房屋的噪声符合国家标准；第二，这两家公司向其支付精神损害抚慰金 1 万元；第三，这两家公司向其支付室内噪声监测费 3 500 元。第四，这两家公司承担其请律师所花费的律师费 4 500 元。

房地产公司辩称，马女士所购买的房屋符合有关设计规范，满足关于噪声标准问题的相关规定，而且经过相关部门的审定。根据该市环保局关于小区环境报告书的批复，小区执行的是 2 类标准，马女士所参照的噪声标准对小区不适用，小区的电梯不存在噪声污染的问题。因此，不同意马女士的诉讼请求。

物业公司辩称，本公司对业主马女士所诉房屋购买事实与物业服务合同关系均予以认可，但对于其所称的噪声污染数据不予认可。因此，不同意马女士的诉讼请求。

最终，人民法院经审理后作出以下判决：房地产开发公司于判决生效后

30 日内对马女士所在的楼房楼、电梯、电梯井以及电梯运行时间采取整改措施，使电梯运行噪声在马女士居住的 2506 号房屋内达到《GB 12348—2008 工业企业厂界环境噪声排放标准》的要求，进行整改时不得降低电梯原有的安全性能；房地产开发公司于判决生效后 30 日内向马女士支付鉴定费 3 500 元；驳回马女士的其他诉讼请求。

一审判决后，房地产公司不服，提起上诉，后二审人民法院维持了一审判决。

案例分析

该案例是环境噪声污染侵权纠纷中较为典型的一例。之所以说其典型，是因为该案件的判决与之前大部分此类案件的审理结果类似，既没有对因鉴定标准的不统一或者缺失而认定不属于侵权，又没有判决开发商（房地产公司）给予业主高额的精神损害赔偿金。而且该案件从鉴定机构的选择、鉴定结果的认定以及责任主体的承担等方面，都有较强的代表性。

在实践中面对这样的物业纠纷，业主要想维护自己的合法权益，避免低频噪声污染对生活的干扰，也不是一帆风顺的。在实际中还存在很多制约的环节，如对室内噪声认定标准的不统一导致侵权认定困难；侵权者对侵权行为不知情；精神损害赔偿的有无和数额不一致，业主受到的侵害无法得到补偿等。

《中华人民共和国环境噪声污染防治法》第二条规定："环境噪声污染，是指超过国家规定的环境噪声排放标准，并干扰他人正常生活、工作和学习的现象。"所以，环境噪声污染必须具备两个条件：一是环境噪声干扰了他人的生活、工作和学习；二是排放的环境噪声超过国家规定的环境噪声排放标准。所以，本案例中采用适用的环境标准是评判案件事实上是否侵权是正确的。

小区公共服务设施噪声污染纠纷中涉及多个主体，其中房地产开发商是公共设施的建设者，物业公司是公共设施的管理者，小区全体业主是公共设施的产权人。当小区公共设施造成噪声污染损害他人权益时，应该结合各主体之间的法律关系来认定。

首先，房地产开发商的责任。房地产开发商是小区公共设施（建筑附属设施）的建设者，根据《民用建筑隔声设计规范》和《住宅设计规范》的相关规定，开发商应承担住宅建筑的隔声防噪义务和质量瑕疵担保责任。所以，在小区公共设施噪声污染纠纷中，开发商存在违约责任与环境侵权责任。

其次，物业公司的责任。噪声污染与小区公共设施的运行具有密切关系，物业公司是小区公共设施的管理者，对公共设施负有管理义务，但物业公司是基于开发商或全体业主的委托代为行使有关公共设施的管理，根据民事代理行为理论，代理行为产生的法律后果由委托人承担。因此，本案例中物业公司对于因公共设施正常运行而导致的环境噪声污染损害不负有赔偿责任。

最后，小区全体业主的责任。根据我国《民法典》的相关规定，小区公共服务设施属于全体业主共有，公共设施的运行是为全体业主服务，应保障全体业主的合法权益。在小区公共设施噪声污染纠纷中存在个体业主（噪声污染受害方）与其他业主的利益冲突，一方面其他业主基于对公共设施的所有权，享有使用小区公共设施并受益的权利，另一方面由于公共设施的运行产生噪声污染损害了个体业主享受宁静居住环境，获得生命健康保障的权利。由此可知，噪声污染损害的是个体业主的健康权，属于人身权范畴。而其他业主对公共设施的使用支配权是所有权权能，属于财产权范畴，在两种权利不可调和的情况下，应当优先保护人身权利。因此，受噪声污染损害的业主有权要求在开发商完成小区公共设施整改之前，限制该公共设施的运行时间，降低损害程度。

处理技巧

（1）物业公司收到噪声污染侵害的投诉后，要立即派人前往现场查看。必要时通过技术手段或设备，确定噪声是否超标。同时判断噪声污染的来源，针对不同噪声源，采取对应的解决措施。

（2）物业公司要做好与受噪声污染影响业主的沟通、解释。

一楼底商私挖地下室引发的纠纷

典型案例

2020 年 8 月 25 日，唐女士向相关部门反映，其小区楼下的商铺业主为扩大经营面积，竟往下挖到了地基，还加建了隔层，生生将一层的店铺隔出了一层地下室来，这严重影响了楼上所有业主的生命安全。

在唐女士的带领下，相关部门的有关人员来到该小区临街的居民楼下。这些临街的楼房一楼是商铺，二楼以上都是住房。由于是商铺的原因，一楼层高本来就要比其他楼层高。但是，站在事发商铺门口，并没有觉得与其他店铺有不同，但是一进入商铺内部，就会发现商铺的地面要比外面的路面低很多。

“这已经是被我们发现后填过的了，以前还要深。”唐女士说。

再看这家商铺内部四周的墙面上，加了一层楼层，还建了楼梯，原本一层的商铺变成了两层。商铺的门口还堆放着不少泥土，据说都是当初开挖地下室挖出来的。

唐女士说：“上月初，有住户听到楼下有装修声，起初也没在意，后来住在楼上的一名业主去这家正在装修的商铺看了一眼，吓了一跳，看到里面有一个深坑，周围扎上了钢筋，用水泥浇了楼板。该业主随后把情况告诉了其他业主，这让其他业主都担心不已。因为这个商铺正好在两栋楼中间，要是影响了承重墙，我们这些住在楼上的人的人身安全都会受到影响。”

由于楼上的业主纷纷向有关部门投诉，相关人员到现场勘查后明确告知商铺负责人，这种私挖地下室的行为是违规的，让其将改建部分恢复原状，同时也开具了停工通知单。对于居民们提出的进行房屋鉴定，相关部门表示可以与街道联系，让住建部门的鉴定单位来检测。

案例分析

私挖地下室的不当装修行为引发的法律问题具有复杂性、多样性的特征。

由于商品房住宅小区临街一层商铺往往是作为该小区一幢临街楼房整体的一部分而存在。《民法典》第二百七十二条规定："业主对其建筑物专有部分享有占有、使用、收益和处分的权利。业主行使权利不得危及建筑物的安全，不得损害其他业主的合法权益。"临街一层商铺业主作为该幢楼房的业主之一，不管该商铺经营者是业主本人还是商铺承租人，经营者为扩大商铺营业空间面积谋取利益，而贸然采取私挖地下室的不当装修行为，必然会侵犯其他业主的合法权益，从而引发很多物业纠纷。

第一，侵犯了其他业主对该块土地共同享有的建设用地使用权。简而言之，该临街楼房整幢楼的所有业主对该块土地共同享有建设用地使用权，而并非一楼底商经营者一人独自享有。所以，该块土地如何使用应该由全体业主共同决定，而不能由一楼底商经营者单独决定，否则就是对其他业主对该块土地共同享有的建设用地使用权的侵犯。

第二，有危及该商铺左邻右舍的共有墙壁安全和整幢楼房安全的可能性，进而对其他业主在该幢楼房享有专有所有权的专有部分（单元套房）的房屋所有权的正常、安全性构成威胁。对于该行为，物业公司有权进行制止。

第三，可能破坏该商铺楼上各层业主之房屋经由该块土地而铺设的电线、下水管道、网络线、有线电视线路、电话线等管线设施。

私挖地下室的不当装修行为可能侵犯商铺坐落之地上不同土地权利人的合法权益。

第一，可能侵犯国有土地所有权人的合法权益。根据《中华人民共和国土地管理法》第八条明确规定："城市市区的土地属于国家所有。"因此，任何单位或个人欲使用城市市区土地的地表、地上或地下空间，都应该获得权利人国家的同意才能进行使用。所以，商铺经营者的不当装修行为显然侵犯了国家对该块土地的所有权，可以根据相关的法律法规的规定要求该行为人停止侵权行为、恢复原状并赔偿相应的损失。

第二，可能侵犯电信公司、电力公司、燃气公司、自来水公司、热力公司等对该块土地享有的相应管线铺设地役权。一楼底商经营者私挖地下室的行为则很有可能触及各运营商铺设在该块土地之下的各类管线，不仅有侵害运营商相应管线所有权的可能，而且也妨碍了运营商的相应管线铺设地役权的正常行使。

第三，可能侵犯地铁公司等其他单位的地下空间使用权。

处理技巧

（1）如果一楼底商私挖地下室，物业公司应该及时制止，因为这关乎该楼所有业主的安全，物业公司与业主签订了《物业服务合同》，有权保证业主的生命安全。

（2）如果一楼底商不听劝阻，物业公司必须要向相关部门投诉，坚决制止该商户的行为。

小区广场舞引发的纠纷

典型案例

2020 年 4 月，成都某小区内，楼上住户因难以忍受小区内广场舞音乐的困扰，一气之下向跳舞人群扔水弹，受到水弹袭击后，楼下的人与楼上扔水弹者吵了起来，场面十分混乱。

2020 年 6 月，苏州某小区内，一位业主因不满楼下跳广场舞的声音，下楼与跳舞者发生冲突，争执中打伤跳舞者。随后，该业主还在楼下广场铺满碎玻璃和砖石，严重影响小区其他业主正常使用小区的公共部分。

2020 年 10 月，家住武汉市京汉大道中心某小区的陈女士和朋友们在小区楼下的广场上跳广场舞，突然从旁边楼房飞来了一大堆粪便，在场跳舞的人被弄得一身脏。

2020年11月17日下午，江苏泰州某小区业主王女士将车停在小区东大门外的空地上，晚上10点多取车时，发现车子前挡风玻璃上被在此处唱歌跳舞的人贴了一张纸，上面写着“锻炼重地，请勿停车”。让王女士郁闷的是，挡风玻璃被透明胶带贴了左一层、右一层，费了很大的工夫才清理干净。

案例分析

健身活动越来越受到大家的欢迎，特别是广场舞深受中老年人的喜爱。随着广场舞的火爆，一系列的纠纷问题也随之而来，类似案例中，大多数业主觉得广场舞太影响其他人的日常生活，从而引发一系列的纠纷。“做文明业主，塑城市精神”是每一位业主的分内事，但并不是每一位业主都能自觉做到。所以，跳广场舞的人也应该考虑周围业主的情况，避免影响他人的正常生活。

《民法典》第二百七十四条规定：“建筑区划内的道路，属于业主共有，但是属于城镇公共道路的除外。建筑区划内的绿地，属于业主共有，但是属于城镇公共绿地或者明示属于个人的除外。建筑区划内的其他公共场所、公用设施和物业服务用房，属于业主共有。”小区内的广场，属于小区的其他公共场所，属于业主共有，业主不能随意占用公共场所。案例中王女士占用空地用于停车，显然有不对的地方，但是跳广场舞的大妈也不能在他人的车上随意贴纸条。这两者都属于侵权行为。

对于大妈跳广场舞引发的纠纷，物业公司作为小区的管理者，也是与业主接触最多的，应该从正面多加引导，从人情、人性、人心入手，搞一些能提高业主文明素质的活动，对于提高管理服务质量，建设良好的社区文化和精神文明，具有重要的推进作用。

处理技巧

（1）确定场地。物业公司应该在小区内寻找一块较大的空地，确保环境宜人，既能够满足大妈跳广场舞的场地需求，又不影响小区内其他业主的日常生活。

（2）及时沟通。对于由于跳广场舞而引发的纠纷，物业公司应该出面及时沟通解决，尽量避免业主之间发生矛盾。

（3）调整时间。物业公司可以与居委会、业委会进行协调沟通，改变小区大妈跳广场舞的时间，避开人们正常的休息时间段。

（4）将定向扬声器的应用扩大化。对于有条件的小区，物业公司可以应用定向扬声器。定向扬声器，能把声波控制在特定的区域内，出了这个区域，声波就很弱甚至没有。从而从根本上消除噪声影响。

业主损坏小区公共设施引发的纠纷

典型案例

一天晚上 7 点左右，小区业主罗先生 4 岁的女儿发高烧，夫妇二人心急如焚，急忙开车带女儿去医院治疗。当车行至车库的出口道闸时，值班保安员示意停车、收回停车卡，但是业主罗先生着急带女儿去医院，就没有理睬，反而加大油门撞开道闸栏杆飞驰而去，道闸栏杆被撞弯曲变形损坏，无法正常使用。

值班保安员看到这种情况后，马上向保安经理报告，请求协助解决。保安经理和安全主管一同到达事发现场。根据保安员汇报的情况和现场分析，并调取业主和车辆登记资料核对，排除了偷盗车辆的可能性，从而判断业主肯定是有急事才做出这样的事情，决定等业主回来后再心平气和地找业主了解具体情况和原因。保安经理提出以下处理意见：首先理解业主的冲动行为；其次，向业主说明其中的原因，以理服人；最后，让业主承担相应的责任，按价赔偿。保安经理还表示，整个事件的处理，一定要分析具体问题，坚持以人性为本的处理准则，避免一味地从物业管理的角度对待该起事故。

两小时后，业主罗先生一家三口回到小区，已在道口等待的保安人员首先对业主女儿的病情表示关注和慰问，对业主罗先生一家的同情与关怀溢于言表。看到业主女儿并无大碍、家长焦急的心情已平静下来后，保安人员便就撞坏道闸栏杆一事征询业主罗先生的处理意见。

谁知未等把话说完，业主罗先生就说道："车场保安人员动作太慢，我着急去医院送我女儿看病，撞坏栏杆不是我有意为之，只能说你们的保安人员服务不到位。明知道我着急，还不赶快放行。"

保安人员耐心解释说道："您女儿生病，着急上医院，家长焦急的心情我们非常理解。但事先您应该来个电话说明其中的原因，让我们提前做好准备，这样就可以争取更快的放行时间了。当时您的车开得飞快，把我们的值班保安人员吓了一跳，不认识您的还以为是盗窃车辆的人呢？而且按《业主公约》的有关规定，损坏小区公共设施要赔偿，您看是您自己处理，还是物业公司帮您处理由您付款呢？"

业主罗先生对于保安人员的解释不以为然，一声不吭地走了，保安人员没有追上去硬让业主罗先生当场表态，也没有立即跟着业主罗先生上楼。保安经理让保安人员采取以下三个措施：①谁当班谁负责。当值保安人员和保安经理第二天上午到业主罗先生家登门拜访，把事情责任耐心解释给罗先生听；②跟踪处理，不拖延时间。看到保安经理亲自上门，业主尤其是女业主心里过意不去，再三表示歉意，但对赔偿一事只字未提。待到第三次上门，业主罗先生终于不好意思地说："这样吧，我们对这一行不熟悉，你们帮忙修理好，多少钱由我们支付。"③针对维修方案与业主罗先生见面商谈。业主表态后保安经理立即通知物业维修人员拿出道闸栏杆的维修方案，并将方案交予业主罗先生审核，说明只收成本费，免收人工费。业主罗先生看后表示同意，并对物业公司对小区财产认真负责的精神表示钦佩，同时也对保安经理的处理表示满意。

案例分析

从本案例中可以看出，这件事能够得到圆满解决，主要是因为物业管理者能够正确处理，而且采取了多种方案，既不让业主为难，也能解决问题。

《物业管理条例》第四十六条规定："物业服务企业应当协助做好物业管理区域内的安全防范工作。发生安全事故时，物业服务企业在采取应急措施的同时，应当及时向有关行政管理部门报告，协助做好救助工作。物业服务企业雇请保安人员的，应当遵守国家有关规定。保安人员在维护物业管理区域内的公共秩序时，应当履行职责，不得侵害公民的合法权益。"所以，物业人员应该保证小区内的安全，维护好小区内的公共秩序。本案例中，业主罗先生就是违反了物业管理范围内的公共秩序，保安人员及时作出处理是合情合理的，既维护了物业管理的公共设施，也加强了与业主之间的关系。

《民法典》第二百七十四条规定："建筑区划内的道路，属于业主共有，但是属于城镇公共道路的除外。建筑区划内的绿地，属于业主共有，但是属于城镇公共绿地或者明示属于个人的除外。建筑区划内的其他公共场所、公用设施和物业服务用房，属于业主共有。"因此，本案例中业主罗先生损坏的道闸栏杆属于公共设施，属于业主共有。业主罗先生的行为已经侵犯了其他业主的共有权益，理应承担一定的赔偿责任。

处理技巧

（1）不要急于求成。业主心里有火，静不下心来时，不要急着向业主表态，最好是通过细致的解释工作，让业主意识到自己的不对之处，最好让业主自己提出处理意见。

（2）不要与业主对抗。无论处理任何事情，都要心平气和，摆事实，讲道理，有理有节。不能因为错误在业主，就粗暴对待业主。而应以服务者的身份和态度与业主沟通，事情处理起来也会更加容易。

（3）不要陷于纠缠。事情发生后，与业主讲清楚即可，不要现场纠缠不清，没完没了，引起业主的反感。处理问题要把握好分寸，不能因小失大。只要业主认识到位，愿意赔偿，事情就可以得到圆满解决。物业公司从始至终都要遵循服务第一的宗旨。

业主在楼道私自安装摄像头引发的纠纷

典型案例

家住徐汇区某小区的马女士和徐先生是邻居，共同居住在一套老式住房里，其中马女士住在三楼，徐先生住在二楼。由于该房子是老式住宅，大家在装修过程中对公共部位都存在过度利用的情况，也存在一定争议，因此经常发生矛盾。

2020 年 2 月，马女士家装在公共部位的水表和阀门被二楼徐先生的妻子拆掉了。马女士发现后，立即打电话报警。然而，警察因为马女士无法提供证据而一时难以处置，只能不了了之。一怒之下，马女士在该楼一层走道、两层半走道和厨房间的三处公共部位装了 4 个摄像头，分别对准一楼大门、二楼至公用晒台搭建灶间的通道、电闸、灶间内的水表，时刻监控着自家的设施。

由于马女士这样的做法给徐先生一家带来了很大的困扰，其家人从进入该房屋后在楼梯、厨房中的活动都会被安装的摄像头摄入，使他们一家心理上产生了很大的压力。

双方的矛盾不断升级，徐先生不得已将马女士告上了法庭，以侵犯隐私权为由，要求拆除安装在公共区域的 4 个摄像头。

而马女士则辩称，其为了保护自己的人身安全安装了监控摄像头，且安装监控摄像头警方是知晓的，是经过警方和物业公司同意的。她不认为安装监控摄像头侵犯徐先生一家的隐私权。

法院审理后认为，被告马女士高密度安装摄像头对原告徐先生在公用楼道、灶间内的活动进行监控，在一定程度上对原告徐先生造成了一些不良影响，侵犯了原告徐先生的隐私权。即使被告马女士要保护人身安全与个人财产不被侵害，也不可以以侵犯他人隐私权为代价，被告马女士应该通过合法途径对个人财产进行保护。最终，法院判决被告马女士在楼道内安装摄像头的行为侵犯了原告徐先生的隐私权，应该予以拆除。

案例分析

事实上，对于安装摄像头是否侵犯了隐私权的问题，还要具体问题具体分析。隐私权是指自然人享有的私人生活安宁与私人信息秘密依法受到保护，不被他人非法侵扰、知悉、收集、利用和公开的一种人格权。《民法典》第九百九十条明确列入隐私权，将其纳入具体人格权范畴。隐私权具体内容的认定多有争议，但大致可以分为私生活秘密权、空间隐私权、私生活安宁权三个方面。目前法律上对私人安装摄像头没有具体规定，但其必须以不侵犯隐私权为底线，即摄像头只能对准公共区域，不能侵犯他人隐私。对于公共区域的界定，以部分公租房的公共部位为例，比如客厅、厨房、卫生间等，这些地方虽然是公共的，但不是某一家所有，而是某几家特定使用的公共地方，外来人员是无法进入这些地方的，其中又带有一定“私权”的性质。在此处安装摄像头，拍摄对象相对“特定”，就会侵犯被拍摄人的隐私权。

本案例中，业主马女士所住的房子属于公租房，马女士在公共的地方高密度安装摄像头，其行为已经侵犯了他人的隐私权，所以其应该为该行为承担相应的法律责任。而对于小区内的道路是任何人都可以进入的，则属于公共区域，如果在该处安装摄像头则不属于侵犯他人的隐私权。但是，需要注意的是，对于监控的视频或者截图拍摄者同样有保密义务不能私自散播，不然也会侵犯他人的隐私权和肖像权。

处理技巧

（1）物业公司对于业主安装摄像头应该有明确的规定，而且应该询问业主安装摄像头的具体原因，除此之外，在公共部分安装的还需要经过其他的业主同意，只有在不侵犯他人隐私权的情况下，物业公司才能让业主安装摄像头。

（2）如果业主因为私自安装摄像头而引发矛盾，物业公司应该及时进行处理，并帮助业主寻找解决方法，处理业主之间的矛盾。

小区物业人员半夜在楼道大声喧哗引发的纠纷

典型案例

2020 年 7 月 10 日有一业主向物业公司投诉：最近半夜总是听到保安在楼道里大声喧哗，对讲机音量过大，业主不仅能听到保安用对讲机说话的声音，还可以听清楚用对讲机回复的内容，严重影响业主们休息。希望物业公司能改善，特别是在夜间尽量控制各种声音，减少对业主的干扰。

2020 年 7 月 19 日又有一位业主向物业公司投诉：凌晨 2 ～ 3 点，两位安全员在某栋楼道里聊天长达 1 小时左右，其间声音非常大，中间有业主出来提醒过，但安全员均未引起重视，依旧大声聊天，严重影响业主夜间的睡眠与休息。

2020 年 10 月 11 日还有一位业主投诉：每天深夜和清晨，小区楼道里的安全员使用的对讲机和互相通报情况的声音严重影响了业主的休息。建议物业公司为安全员为配备耳机，夜间值班期间对讲机使用耳机工作。由于夜晚和清晨比较宁静，希望物业公司能够告知当班安全员交流时尽量降低说话音量。

案例分析

本案例中的情况，在物业管理中经常出现，也有很多业主反映过该问题。

在现实生活中，小区夜间巡逻岗位物业人员在工作时间内聚岗、大声攀谈的现象时有发生，这与物业人员缺乏应有的岗位责任心与工作态度有一定的关系，物业人员该行为已严重违反物业公司制度与岗位要求，同时也侵害了业主的权益，严重影响业主的睡眠与休息。

《物业管理条例》第四十六条规定："物业服务企业应当协助做好物业管理区域内的安全防范工作。""物业服务企业雇请保安人员的，应当遵守国家有关规定。保安人员在维护物业管理区域内的公共秩序时，应当履行职责，不得侵害公民的合法权益。"因此，保障业主居家安全是小区安全管理工作的重要任务。本案例中，反映出物业人员缺乏对业主需求的起码尊重，执行工作时产生的噪声严重影响业主夜间的睡眠与休息，侵害了业主的权益。

《物业管理条例》第三十五条第（一）款规定："物业服务企业应当按照物业服务合同的约定，提供相应的服务。"因此，物业公司应该为业主提供相应的服务，给业主一个安宁的居住环境。如果物业人员在实际操作中，缺乏易地而处的服务意识，未设身处地地站在业主的角度来规避工作过程中可能给业主造成的影响，不利于物业公司的物业管理服务。

对于案例中反映的现场岗位存在的缺失，主要是因为物业公司缺乏有效的监督、制止和引导，面对业主多次投诉依旧没有对物业人员岗位职责存在的不足引起关注，未结合投诉对照物业人员存在的不足进行有针对性的培训与引导，从而导致夜间工作噪声的投诉重复出现，严重影响业主的睡眠与休息。

处理技巧

（1）物业公司想要把服务工作做好，就要正确处理业主的投诉与反馈，不断思考自身的不足，通过调整现有的物业管理工作，避免犯下同样的错误，为业主提供更好的服务。

（2）物业公司提供物业管理服务的最终目的是让业主满意，物业公司应时刻站在业主需求的角度反思工作中存在的不足，对照不足，加强物业人员的服务意识的培训。

（3）物业公司应该加强对物业人员的培训，通过工作方式的引导与监督，不断提升物业管理服务品质。

（4）物业公司应该对各部门对讲机夜间的使用状况进行综合检查评估，结合实际情况，要求可能影响业主休息的应在夜间巡逻时佩戴耳机或根据夜间实际情况在对讲机音频调整电位器上标注开启刻度，并且明确要求夜间岗位对讲机的开启刻度，同时加强现场各岗位实际执行情况的监督。

邻居在楼道内养狗引发的纠纷

典型案例

2018 年 11 月 25 日有两位业主向物业公司反映，邻居在楼道内养狗给他们的日常生活带来很多麻烦，公共楼道变成了狗窝，让业主们十分不满。

业主叶先生 2016 年搬入滨海区某小区，住在 5 楼。刚搬进新家没多久，他就发现有人在楼道内养了一只狗，平时狗脱毛以及大小便就已经让楼道内环境变得很糟糕，由于叶先生家有两个小孩，担心这只狗会威胁到孩子的安全以及健康，于是向物业公司反映该情况。

“这只狗很脏，在楼道里大小便。养狗的人也没给收拾。”该楼层的其他业主说，“有时候楼门关着，天气只要稍微热一些，楼道里就会有很难闻的味道。平时大家经过时，只能捂着鼻子走过去。”

此外，负责该楼的保洁员也说，打扫卫生时，只要扫到狗趴着的地方，就不敢再往前走，而且这个单元每天都要多扫一次，一扫地全是狗毛。

根据业主以及保洁员的反映，物业公司派人到养狗的单元楼查看，在 5 楼和 6 楼之间的转弯处，看见一只黑色大狗趴在那里，周围还有狗主人搭建的狗窝，狗窝旁边还有几块破旧的垫子。而楼道的地面还有几处是狗小便的痕迹。

狗的主人是住在 6 楼的沈先生，由于狗不愿意进家门，只好在楼道内搭了一个狗窝。对于邻居们多次提出的意见，沈先生却一直在维护自家的狗，并言辞激烈地表示，自己在家门口的楼道养狗，对邻居影响不大，没有侵犯任何人的权益。

面对这种情况，物业公司只好进行调解，告知业主沈先生根据签订的《物业服务合同》的约定，业主是不能在公共场所养宠物的，而且养宠物不得干扰其他业主的正常生活，如果养宠物影响其他业主的正常生活，物业公司有权采取有效措施予以制止。物业公司还告知沈先生应该尽快将狗撤出楼道，避免影响其他业主的生活。

沈先生对于物业公司的说辞表示不满，并表示自己签订《物业服务合同》时并不知道这些。

最后经过多方协商，以及业主委员会与物业公司的多次劝说，沈先生终于答应将狗送走。12 月 5 日该栋楼终于恢复了原有的生活，没有狗叫声，没有臭味，楼道卫生好了很多。

案例分析

随着人们生活水平的不断提高，现在养宠物的人也越来越多。这些小动物，给主人带来欢乐的同时，可能也会给周围的人带来一些麻烦。

《民法典》第二百七十四条规定："建筑区划内的道路，属于业主共有，但是属于城镇公共道路的除外。建筑区划内的绿地，属于业主共有，但是属于城镇公共绿地或者明示属于个人的除外。建筑区划内的其他公共场所、公用设施和物业服务用房，属于业主共有。"楼道属于小区公共部分，属于业主共有，业主不得随意占用。本案例中，业主沈先生占用楼道养狗，是侵犯其他业主的合法权益，需要承担一定的责任。

在物业管理过程中，对于业主在楼道内养狗的事情经常出现，物业公司可以先进行调解，如果调解不成可以报警。根据2006年3月起开始实施的《治安管理处罚法》第七十五条规定："饲养动物，干扰他人正常生活的，处警告；警告后不改正的或者放任动物恐吓他人的，处200元以上500元以下罚款。""驱使动物伤害他人的，处10日以上15日以下拘留，并处500元以上1 000元以下罚款。"因此，本案例中业主沈先生在楼道内养宠物的行为是不对的，物业公司应该及时制止。再者，业主沈先生与物业公司签订《物业服务合同》约定业主不能在公共地方养宠物，业主沈先生明知故犯，相当于故意违约，物业公司有权对沈先生进行违约处理，并让其承担违约责任。

处理技巧

（1）物业公司在与业主签订《物业服务合同》时，要明确告知业主不得在公共地方养宠物，而且自家养宠物也不得影响其他业主的正常生活。

（2）当发现业主在公共地方养宠物，物业公司要及时出面劝解并制止。

（3）物业公司对在小区内养宠物应该制定一些相关的规定，如养宠物的业主必须持有动物防疫站出具的（动物健康免疫证）、养犬登记证等，避免宠物伤害其他业主。

租住户搬出家私而没有业主书面许可引发的纠纷

典型案例

2018年9月18日，洛阳某花园B栋5楼506房的租住户想要搬出一部分家具。他千方百计联系正在国外的业主，但就是联系不上。按照物业公司的管理规定，租住户搬出家具，必须有业主的书面许可，没有业主的书面许可，物业公司不予放行。急于搬出家具的租住户万般无奈，找到物业公司的领导，恳请给予特殊照顾。

物业公司的领导考虑到，如果直接放行，恐怕会损害业主的利益；如果拒不放行，又会使租住户感到不便，租住户和业主同样都是物业公司的服务对象，兼顾两者利益应为物业管理所必需的，绝不能只对业主关心有加，而对租住户冷若冰霜。于是鉴于租住户只是搬出部分家具，物业公司提出了一个变通办法：租住户列出所搬出家具清单，并暂交与家具价值相当的押金，物业公司做好记录，并出具收取押金的收据，一旦租住户能够提供业主的书面许可，物业公司立刻全额退回押金。同时，物业公司还向该租住户详细解释了该方法的意思，避免租住户产生误会。

听了物业公司的建议，这位租住户觉得物业公司的建议合情合理，便欣然接受。

时隔不久，该租住户拿到了搬出家具的业主书面许可。到物业公司管理处换取押金时，还对物业公司既对业主负责又为租住户着想的做法赞许有加。

案例分析

在现实生活中，由于物业公司没有得到业主的书面许可，导致租住户随意搬走业主东西的事情时有发生，从而也引发了业主、租住户与物业公司的纠纷。

《物业管理条例》第三十五条的规定：“物业服务企业应当按照物业服务合同的约定，提供相应的服务。物业服务企业未能履行物业服务合同的约定，导致业主人身、财产安全受到损害的，应当依法承担相应的法律责任。”在本案例中可以看出，在物业管理的过程中，物业公司会制定相关的规章制度来规范业主及租住户的各种行为，使物业管理服务保持正常运转。但是，在实际的管理过程中经常会遇到一些特殊的情况，靠教条地执行规章制度难以解决，这时候就应该注意把握规章制度的基本精神，在不损害各方利益、不违反原则的前提下，灵活地处理，可以有效避免后期一些不必要的矛盾。

处理技巧

（1）当物业公司发现有业主或者租住户需要搬家且需要搬走大件物品时，物业公司应该询问清楚具体的情况，做好登记，才可以放行，避免业主或者租住户的财产损失。

（2）面对特殊的情况，物业公司可以在不影响各方利益的情况下，根据具体的问题进行有效的处理，可以在不违反规章制度的原则下，采取灵活的措施，有效避免一些不必要的纠纷。

业主为了抢占停车位引发的纠纷

典型案例

“小区没有地下停车位，地上停车位数量也不多。”济南某小区业主孙先生表示，小区内一共 12 栋楼，这几年随着私家车数量猛增，导致小区内停车位紧张，为了阻止外来车辆进入，物业公司甚至在小区门口张贴了“停车位紧张，外来车辆不许进入”的告示。

“有的业主实在停不下车，就私自把小区绿化带给破坏了，当作停车位使用。”刘先生非常不满地说，他表示业主这种做法虽然不对，但实属无奈之举，因为小区停车位数量实在是太有限，家里有车的业主实在没有地方停放车辆，而这一做法直接导致小区居住环境的恶化。“冬青和柏树都被弄坏了，大雨过后不久整个小区就会尘土飞扬。”刘先生说道。

“停车位实在太紧张，有些业主为了抢占车位经常发生纠纷，邻里之间的矛盾不断上升。”胡先生称，小区内数量有限的停车位给业主们带来了很多的麻烦，有时业主为了抢占一个停车位不惜大打出手，严重影响邻里之间的关系，给小区带来了不和谐的因素。

虽然小区内停车位紧张，但是令小区业主们不满的却是小区内两座楼前有一处大约 1 500 平方米的空地，没有规划任何用途，却被先入住的一些业主开辟成菜地了，这也引起业主对小区物业公司的不满。

“物业公司应该加强管理和规划，把小区内可以利用的地方改造成停车位才对。”胡先生认为，小区物业公司不作为，缺乏有效管理和规划，导致小区内一些业主不够自觉，把空地当成了菜地来使用，而小区内其他业主却为了抢占一个停车位苦苦发愁。

后来，经过协商，物业公司将种菜的空地开发成了停车场，从而化解了业主为了车位而引发的矛盾。

案例分析

“车位之争”可能引发的矛盾和纠纷早已引起国家立法机关和司法机关高度重视。《民法典》和《关于审理建筑物区分所有权纠纷案件具体应用法律若干问题的解释》为明确住宅小区停车位权属，都有明文的规定。《民法典》第二百七十六条规定：“建筑区划内，规划用于停放汽车的车位、车库应当首先满足业主的需要。”因此，物业公司在管理小区内的停车位时，应该满足业主需求，在不能满足业主需求的情况下，应该另想办法，为业主开发更多的停车位，而不是像案例中，空地被用作菜地，而绿地却被弄成停车位。

《民法典》第二百七十四条规定：“建筑区划内的道路，属于业主共有，但是属于城镇公共道路的除外。建筑区划内的绿地，属于业主共有，但是属于城镇公共绿地或者明示属于个人的除外。建筑区划内的其他公共场所、公用设施和物业服务用房，属于业主共有。”因此，本案例中的一块空地被一些业主开辟成菜地，实际上就是在侵犯所有业主的合法权益。物业公司对这种行为应该出来制止的，而物业公司却没有，也是一种违约行为，违反了与业主签订《物业服务合同》的约定，才导致小区内的停车位紧张，业主抢占停车位。

在现实生活中，越来越多的住宅区停车位不能满足业主需要，因此产生了许多业主抢占停车位的纠纷。为了解决停车位的供求冲突，《关于审理建筑物区分所有权纠纷案件具体应用法律若干问题的解释》规定，建设单位应当首先满足业主的需要，按照配置比例将车位、车库，以出售、附赠或者出租等方式处分给业主。这里所说的“配置比例”是指规划确定的建筑区划内规划用于停放汽车的车位、车库与房屋套数的比例。所以，建设单位与物业公司一定要规划好小区的车位配置比例，综合考虑该小区居民的停车实际利益等问题，真正做到“满足业主的需要”。

处理技巧

（1）物业公司对小区内停车位的开发与配置一定要满足业主的需求，在不能满足的情况下，应该与业主商议，重新开发新的空地或者租地用于停车等，避免小区业主因为抢占停车位而产生矛盾与纠纷。

（2）物业公司要做好物业管理服务，发现小区业主私自占有小区公共部分要及时制止，避免全体业主的合法权益受到侵犯。

（3）业主由于停车位发生矛盾的，物业公司要及时出面制止，并提供解决方案，缓解业主之间的矛盾。

业主涂改自家外墙颜色被物业公司起诉

典型案例

王先生于2020年7月与江苏某有限公司签订《商品房销售合同》，购买了该公司开发的102室商品房。但是签约后不久，因对房屋构造不满，王先生就擅自将屋前屋后的外墙涂成红色，并将屋前小花园统一安装的起装饰作用的铁栅栏拆除。由于业主王先生的这种行为侵犯了其他业主的权益，物业公司与王先生进行多次交涉，让王先生将外墙恢复原状，王先生态度坚决，就是不愿意恢复外墙的颜色，物业公司无奈之下只好将其告到了法院。

物业公司认为，王先生将屋后的绝大部分墙面，屋前的小部分墙面涂成了红色，并将屋前小花园统一安装的铁栅栏截短十多厘米。这是一种侵权行为，违反了《物业服务合同》的约定，而且建筑物有专有部分和共有部分之分，商品房内部属于业主的专有部分，专有部分怎样使用，全凭业主做主，但是共有部分的所有权及管理权归全体业主所有，个别业主只能使用，不得占有，也不得改变其结构和用途。王先生虽然是 102 室的业主，但 102 室的外立面和屋前小花园属于共有部分，他无权随心所欲地加以改变。而且这些内容在《商品房销售合同》和《业主临时公约》中都有明确规定，王先生既然在合约上签了字，就应当履行合同上的约定。因此，要求法院判决王先生将外墙和栅栏恢复原状。

而业主王先生认为，买下房子就有改变外墙颜色的权利，就有权按照喜好改变外墙的颜色。况且只是涂刷了凹进来的那部分墙面，也就是阳台的墙面，阳台是自己花钱买的面积，把它涂成红色不侵犯别人的利益。

经法院审理，法院认为房屋外立面是共有部分，应归全体业主共有和共同管理，王先生无权改变房屋外立面颜色。至于未封闭阳台，即使王先生享有专有权，也应考虑到未封闭阳台的墙面与建筑物的外立面是不可分割的整体，如果擅自改变颜色将降低建筑物美观度，故而从维护全体业主利益的角度，王先生也应该保持阳台墙面的本来面目。对于屋前小花园的栅栏属于建设物附属设施，也属于全体业主共有和共同管理，王先生无权截短。因此，判决王先生限期将墙面和栅栏恢复原状。

案例分析

《物业管理条例》第四十五条规定：“对物业管理区域内违反有关治安、环保、物业装饰装修和使用等方面法律、法规规定的行为，物业管理企业应当制止，并及时向有关行政管理部门报告。”因此，案例中物业公司对业主王先生的行为进行制止是正确的，是在维护其他业主的合法权益。

《物业管理条例》第四十九条规定：“物业管理区域内按照规划建设的公共建筑和共用设施，不得改变用途。业主依法确需改变公共建筑和共用设施用途的，应当在依法办理有关手续后告知物业服务企业；物业服务企业确需改变公共建筑和共用设施用途的，应当提请业主大会讨论决定同意后，由业主依法办理有关手续。”因此，案例中业主王先生没有经过物业公司与业主委员会的同意就擅自涂改自家外墙颜色，这种行为是不合理的，物业公司有权对其进行制止，要求其补齐相关手续或者恢复原状，如果业主不听，物业公司有权向相关部门起诉。

处理技巧

（1）当个别业主擅自改变公共部分，侵犯其他业主的合法权益时，物业公司有权进行制止。

（2）物业公司对业主的违约行为，应该耐心地进行协商解决，让业主主动意识到自己的失误，将侵犯他人权益的部分恢复原状。

（3）对于一些态度坚决的业主，物业公司可以通过法律途径维护其他业主的合法权益。

第4章
物业保洁绿化岗位纠纷的沟通处理

小区内的保洁绿化关乎物业公司的物业管理服务工作是否做到位。一家优秀的物业公司能够把小区的保洁绿化做好，为小区业主提供舒适优美的居住环境，提升业主的满意度，也是在为物业公司提升总体形象。物业公司想要做好保洁绿化工作，就应该及时处理好业主投诉的小区的环境问题，努力改善小区环境情况。下面通过典型的案例，帮助大家找到解决保洁绿化方面物业纠纷的方法。

业主认为小区卫生情况差，不愿缴纳物业费

典型案例

2018年，入住新房的柯先生与小区物业公司签订了《物业服务合同》，并按时缴纳了一年的物业费，但很快他发现小区内的管理服务问题重重。“入住没一个月后，我就发现小区管理服务很差，小区内垃圾清扫不及时，小区内的垃圾桶也是好几天才有人过来清理；楼道一周也打扫不了几回，一打扫就有湿漉漉的水渍；绿化养护也常有疏漏，有的业主干脆在楼前草坪上开出一片自留地种菜养花，物业公司也不管；小区内的一块空地也长期无人打理，现在已经长满野草……小区内的卫生情况实在太差了。”柯先生说。于是他找物业公司多次反映，物业公司却一直没处理。更让他忍无可忍的是，他购买的车库面前有时候会堆放垃圾，导致他时常无法正常出入。柯先生认为，物业公司没有尽到应尽的责任，也没有按照之前签订的《物业服务合同》履行义务，从2017年开始不再缴纳物业费。

物业公司的负责人付先生说：“为了管理小区，我们公司聘请了保安、维修以及保洁人员负责小区的物业管理服务。每年光这些费用的支出就是一大笔。但是许多业主不缴纳物业费，导致我们公司资金严重缺失，也就无法向业主提供更好的管理服务。”

由于2020年柯先生没有缴纳物业费，为此物业公司将柯先生告上法庭，要求其补交2年物业费、车位管理费以及滞纳金，一共12 500元。

经法院调查取证，发现物业公司在管理上确实存在不少问题，而柯先生不缴纳物业费也违反了《物业服务合同》约定，法院审理后，判决如下：柯先生缴纳拖欠2年的物业费和车位管理费，一共9 800元。物业公司方面要加强物业方面的管理，改善小区内的卫生情况，加强小区车辆的管理，保证柯先生车辆在自己的车位能够出入畅通，同时免去柯先生的物业费滞纳金。

案例分析

现在有一些业主因不满物业公司的物业管理服务，进而拒绝缴纳物业费，其实这种做法是不对的。首先，根据《民法典》的规定，业主应遵守诚实信用原则以及全面履行原则，客观、全面、如实地履行合同约定的义务。其次，物业公司与业主之间的关系是服务与被服务的关系，按照《物业服务合同》的约定，及时缴纳物业费用是业主应尽的义务。只有在业主充分缴纳物业费的前提下，物业公司才能够提供优质的管理服务。如果业主遇到本案例中类似的物业纠纷，业主可以选举合格的业主委员会，通过业主委员会解决。如果业主委员会协商不成的，只要过半数的业主同意，可以解聘物业公司并另行选聘新的物业公司，而不是采取拒绝缴纳物业费的办法。当然，作为物业公司也要做好应尽的义务，要真正履行与业主签订的《物业服务合同》中的内容，而作为业主也要客观评价物业公司的管理服务，遵守业主公约。

就本案而言，物业公司已经给柯先生提供了物业管理服务，柯先生就应该缴纳物业费，服务的质量和物业费的收取是相对应的。如果柯先生有意见可以通过法律手段解决，用拒绝缴纳物业费来处理，只会让双方关系紧张，并不利于物业管理服务质量的提高。同时，柯先生这种不缴纳物业费的行为也违反了合同约定。而对于物业公司来说，既然在物业管理上存在不少问题，也有业主反映了，就应该提高物业管理服务质量，改善小区内的卫生状况，做好各方面的管理。

在本案例中，还体现出物业公司的一个服务——保洁服务。保洁服务是物业管理服务中的一项重要内容，是评价某个住宅小区物业管理服务质量高低最直观的标准。在物业公司收取的物业费中保洁方面的费用所占比例较大，保洁人员的数量在物业公司的人员构成上所占比例一般也比较大。因此，物业公司应该做好小区内的保洁服务，给业主提供一个舒适的居住环境。

处理技巧

（1）当有业主反映小区卫生情况差时，物业公司要派人进行查看，看是否是保洁人员工作不到位又或者是其他方面的问题，一定要对业主反映的情况给予处理结果，避免与业主产生矛盾。

（2）物业公司要加强保洁人员的职业培训，让其坚持为业主服务的态度，做好小区内的保洁工作，致力于为广大业主提供一个优美舒适的居住环境。

（3）对待小区内的保洁服务，物业公司在人员配备、保洁工作安排等方面一定要满足小区的需求。

楼上住户不满楼下开餐馆引发的纠纷

典型案例

天津市某花园小区一楼商铺原是服装店，后来商铺打算将服装店改成餐馆，这个消息让住在该栋楼的业主炸开了锅。业主担心，如果是餐馆开起来，油烟污染、噪声困扰等问题一定接踵而至，将会严重影响日常生活与休息。于是，在租户进行装修的过程中，有业主多次上门阻止餐馆装修。

餐馆的经营者陈先生很委屈："本来就是商铺，排烟设备也都会按照标准装备齐全，不知道为什么业主就是不让开餐馆？还多次来阻挠，给装修工作带来了很大影响。"在餐馆厨房的墙面上有一个排烟口，而在排烟口上方约 3 米处，就是二楼住户家的窗户。

"我就住在 2 楼，油烟直接排到我家，以后我都不敢开窗了。"业主吴先生抱怨道。还说对于这件事，楼上的业主大部分都不同意，也有业主尝试与餐馆老板沟通，但是对方不予理会，还继续装修。

"我们不让开餐馆，一方面是担心油烟，另一方面是担心火灾。"另一名业主林女士表示，5 年前这里也有一家餐馆，因用火不当发生了一起火灾，幸好火刚烧起来就被扑灭了，后来在众多业主的强烈要求下，他们才搬走。“现在又开餐馆，弄得大家人心惶惶。”该业主表示，她多次上门阻止该餐馆装修，但效果不大，并说：“楼下商铺开餐馆不是得经过楼上业主同意吗？他们都没问过我们的意见就擅自开了。”

餐馆的经营者陈先生也是一肚子苦水：“我在租这间商铺时就与房东说明了是开餐馆，房东也没有提出异议。现在合同都签了，租金也交了，业主反映这么大我真是没想到。现在餐馆还处于装修的阶段，厨房的排烟口正在安装排烟管道，保证不会排放到业主家中。对于消防安全，餐馆开张前也需要通过消防部门的审批，业主不必为此担心。”同时，陈先生还表示，将在建好烟道后向环保部门申请审批，以消除居民的后顾之忧。“以后餐馆的顾客多是附近居民，他们有什么要求我会尽量满足。”陈先生说道。

案例分析

《民法典》第二百七十九条规定：“业主不得违反法律、法规以及管理规约，将住宅改变为经营性用房。业主将住宅改变为经营性用房的，除遵守法律、法规以及管理规约外，应当经有利害关系的业主一致同意。”值得注意的是，需要征得有利害关系业主同意的，必须是将民用房改成商用房的情况。小区“楼下餐馆”并不全是由民用住宅改成的，如果房子本身就属于商业性质，则不需征得业主的同意。如果住宅楼一楼是商铺，要开餐馆的话，必须提前到环保局进行环境评测，环境评测过后再公示审批，所有程序通过后，餐馆才能正式营业。在此情况下，业主如果发现餐馆存在安全、油烟、噪声等问题，可以向食品和药品监督管理局、环保局等相关部门反映。

在本案例中，业主们的担心是正常的，但是有问题应该找物业公司进行处理，而不是直接阻止该餐馆经营者装修。该餐馆经营者也有不对的地方，在签订一楼业主签订租赁合同之前，一定要确认该商铺是否是商用房，如果不是，应该让业主经过楼上业主同意后再签订合同。对于出现这样的纠纷，物业公司应该出面进行解决，这是物业管理服务范围内的责任，既然与业主签订《物业服务合同》，就应该做好物业管理服务工作，而案例中，物业公司却从未出来解决过该事件，没有做好应尽的义务和责任。

处理技巧

（1）物业公司对一楼商铺的情况要了解清楚，如果商铺改变，物业公司要出面了解具体情况，如果租户不按照有关规定进行改建，物业公司有权进行制止。而且对于商铺的属性，物业公司也要了解清楚，对商铺的处分必要时要经过全体业主的同意，避免侵犯业主的合法权益。

（2）当业主与商铺经营者发生矛盾时，作为物业公司要做好关系维护，出面做好协调工作。

（3）物业公司要做好一楼商铺的管理，制定相关的管理规定，避免油烟、噪声等问题影响业主的正常生活与休息。

楼道被邻居的杂物占用引发的纠纷

典型案例

2020年8月25日早上8点半左右，物业公司的管理处接到了小区30号楼6单元一位业主的来电，气势汹汹地说自己放在楼道里的东西都不见了。在了解过情况后，物业公司的相关人员立即派人去了解情况，确认是前一天保安巡逻时，将楼道里的杂物都清理了，并统一放到地下一层的指定位置。

在了解的过程中，有其他楼层的业主反映，该业主经常在楼道里堆放杂物，而且有的时候堆放的东西特别多，连过道都占用了，有些业主走楼梯的时候只能跨过去。还有业主反映，多次与该堆放杂物的业主协商，让其不要把东西放在公共地方，影响其他业主上下楼，而且楼梯也是消防通道，严重影响其他业主的安全，该堆放杂物的业主就是不听，还继续堆放，而且越堆越多，很多业主都表示了不满意。反而这次保安人员把东西都清理走了，业主纷纷拍手称快。

根据业主们反映的情况，物业公司也找该业主进行谈话，并告知业主丢失的东西被保安人员放在地下一层的指定位置，还告诉该业主以后不得在楼道里随意堆放杂物，不得占用公共部分，否则将按照《物业服务合同》的约定，承担一定的违约责任。

该业主对物业公司的这一做法表示不理解，觉得自己只是在楼道放了点杂物，又没挡着谁走路，于是言语上比较冲动，抱怨物业公司的不是。

物业公司只好将《物业服务合同》相关规定明确告知该业主，并再三进行解释。最后，该业主表示以后绝不在楼道里堆放杂物。

案例分析

日常生活中，在楼道里堆放杂物的事情常有发生。在楼道里堆放杂物，一是视觉污染，影响环境美观；二是影响其他业主出行，堵塞防火通道；三是制造楼道内异味；四是增加清洁的工作难度，并且违反了相关的管理规定。因此，面对这样的纠纷，物业公司应该及时进行制止与处理。

《民法典》第二百八十六条规定："业主应当遵守法律、法规以及管理规约，相关行为应当符合节约资源、保护生态环境的要求。对于物业服务企业或者其他管理人执行政府依法实施的应急处置措施和其他管理措施，业主应当依法予以配合。业主大会或者业主委员会，对任意弃置垃圾、排放污染物或者噪声、违反规定饲养动物、违章搭建、侵占通道、拒付物业费等损害他人合法权益的行为，有权依照法律、法规以及管理规约，请求行为人停止侵害、排除妨碍、消除危险、恢复原状、赔偿损失。"楼道属于公共区域，每一层楼的业主都是有权利用它，业主也需要保持楼道的畅通，方便邻居上下楼。如果某些业主在楼道堆放杂物，不服从物业管理，我行我素，则是一种违法占用公共空间的侵权行为，侵犯了其他业主的道路通行权和相邻关系，其他业主可要求邻居停止占用行为，恢复楼道原状。如果邻居继续占有公共楼道，可向小区物业公司投诉，要求协助解决邻居强占公共楼道问题。如果该邻居一意孤行，其他业主和物业公司都可以对其进行起诉，要求停止侵害，恢复楼道原状并赔偿损失。因此，本案例中，业主占用楼道堆放杂物的行为是不可取的。

处理技巧

（1）物业公司在日常的走访中也要多提醒业主，不要在楼道等公共区域内乱摆乱放，单元大厅公示栏做好温馨提示。

（2）物业公司要加强平时的巡查工作，发现在楼道里堆放杂物的业主要及时制止，可以随身带着便签，随时留言张贴提醒业主，告知其这种行为是违约的，需要承担一定的责任。同时，物业人员在清理杂物的时候，要做好登记，以便告知业主，避免业主以为东西被偷了。

（3）物业公司在与业主签订《物业服务合同》时，要明确告知业主不要在公共部分，如楼道、小区停车场等地方堆放杂物，避免侵犯其他业主的权益。

（4）对于在楼道里堆放杂物造成的安全事故，物业公司应该让该业主按照相关规定承担民事责任与经济赔偿。

小区楼房加装电梯占用绿地引发的纠纷

典型案例

2021 年 5 月 26 日，韶关市武江区人民法院审理了一宗小区楼加装电梯占用绿地的纠纷案件，原告是某小区 A 幢部分房屋的业主，被告是相邻 B 幢的业主，两幢房屋都是步梯楼。2020 年初，原告筹划在 A 幢加装电梯，其加装的电梯计划从 A 幢中间楼梯道延伸出来，占用楼道外部分公共通道和约 4.5 平方米的公共绿地，于 2020 年底取得《建设工程规划许可证》和业主委员会的同意，但是没有取得专有部分占小区总面积过半数的业主且占总人数过半数的业主同意。其间，原告组织工人动工挖地基，遭到被告的强烈反对。于是原告起诉至法院请求排除妨害，要求被告停止阻挠。

法院经审理后认为，原、被告分属相邻两幢房屋的业主，互为邻居，在处理邻里关系时应当以方便生活、有利生产、团结互助、公平合理为原则，互相给予彼此便利，但是应以不影响或危害对方合法权益为限。同时，根据《民法典》的相关规定，小区内的公共道路及公共绿地属全体业主所有。本案中，原告准备加装的电梯占用了部分公共通道及公共绿地，虽经过备案，并取得了《建设工程规划许可证》，但这并未得到专有部分占小区建筑面积过半数的业主及占总人数过半数的业主同意，且小区业主委员会在同意原告加装电梯的申请时也没有召开业主大会。所以，原告加装电梯的行为损害了全体业主的合法权益，被告作为小区的业主，不允许原告在没有经过业主大会同意的情况下进行占用公共道路和公共绿地的施工，属于维护自己合法权益的行为。

案例分析

《民法典》第二百七十四条规定："建筑区划内的道路，属于业主共有，但是属于城镇公共道路的除外。建筑区划内的绿地，属于业主共有，但是属于城镇公共绿地或者明示属于个人的除外。建筑区划内的其他公共场所、公用设施和物业服务用房，属于业主共有。"第二百七十八条规定："下列事项由业主共同决定：……（七）改建、重建建筑物及其附属设施；（八）改变共有部分的用途或者利用共有部分从事经营活动；（九）有关共有和共同管理权利的其他重大事项。业主共同决定事项，应当由专有部分面积占比三分之二以上的业主且人数占比三分之二以上的业主参与表决。决定前款第六项至第八项规定的事项，应当经参与表决专有部分面积四分之三以上的业主且参与表决人数四分之三以上的业主同意。决定前款其他事项，应当经参与表决专有部分面积过半数的业主且参与表决人数过半数的业主同意。"本案例中，原告加装电梯占用小区的部分公共通道及公共绿地，本来就属于侵权行为，而且原告在没有经过业主大会的同意就私自进行施工，严重侵犯了业主的共有部分，人民法院不予支持是对的。

在实务中，业主占用小区公共部分的事情常有发生，业主大会和业主委员会，对占用公共部分等损害他人合法权益的行为，有权依照法律、法规以及管理规约，要求行为人停止侵害、消除危险、排除妨害、赔偿损失。业主对侵害自己合法权益的行为，也可以依法向人民法院提起诉讼。实践中，业主可以向城市规划部门投诉，认定属实的，将予以警告处分，并下达整改通知书；或者业主也可以个人或联合其他业主通过业主委员会向法院提起侵权之诉。

处理技巧

（1）物业公司对于业主占用公共绿地的行为要及时制止与协商，让业主停止侵权行为，避免侵犯小区其他业主的权益。

（2）业主进行施工的时候，尤其是加装电梯这种属于公共设施的地方，物业公司要派相关人员到现场进行监督，避免业主在施工过程中侵犯其他业主的权益。

（3）当业主之间发生矛盾，物业公司要及时出面进行处理与解决，避免业主之间的关系僵化。

业主在楼道内焚烧纸钱引发的纠纷

典型案例

每年中元节，按习俗要祭奠祖先，张家口某小区业主张先生想着省点事，决定在楼道内焚烧纸钱。不料，焚烧纸钱的烟雾在楼道里一时散不出，触发了楼道顶部的消防烟感喷淋系统，致使喷淋系统喷水。张先生见状慌了神，连忙跑到小区找到门卫。门卫赶过来，却不知道怎样关水，只能通知物业公司。物业公司随后派了会处理的人赶到，此时，楼道里已经“水漫金山”，喷下的水流入了楼道的电梯间，导致正在运营的电梯进水停运。物业公司通知电梯维保单位到场查验，发现电梯上多个零配件受潮导致短路损坏，需要进行更换，损失超过 8 万元。

物业公司认为，这一责任应由业主张先生承担。由于张先生在楼道内焚烧纸钱才引发了这一系列事情，所以主要责任在张先生，所有的费用需要张先生来支付。

而业主张先生却认为，自己已经及时通知了物业公司，可是物业公司过了差不多 40 分钟才将阀门关闭，如果当时能够及时把水关了，也不至于发生这样的损失。再说，楼道内又没有禁止焚烧纸钱的警示标志，小区也有其他人在楼道内焚烧纸钱，不能把责任全都推给他。

由于双方争执不下，物业公司向人民法院起诉业主张先生，要求其进行赔偿。

在庭审中，物业公司提交了《业主承诺书》及《生活服务手册》，称业主在入住时，物业公司与业主签订过一份《业主承诺书》，还颁发过《生活服务手册》，手册中明确规定：“业主有带火作业及活动时，必须得到管理部的同意后在专人监护下方可进行……”业主张先生在楼道内焚烧纸钱，事前未通知物业公司，是造成电梯进水的主要原因。

法院仔细审查了事发经过、双方提交的证据，认为依据《民法典》，行为人因过错侵害他人民事权益的，应当承担侵权责任，被侵权人对损害的发生有过错的，可以减轻侵权人的责任。张先生由于在楼道内焚烧纸钱引发消防喷淋装置喷水导致电梯进水，理应承担相应的赔偿责任。不过，物业公司在楼道内未张贴禁止动火的警示标志，在接到张先生求救消息后未能及时关水，也有一定责任。综上所述，法院判决张先生承担 75% 的责任，物业公司承担

25% 的责任。

案例分析

楼道属于小区公共部位，维护小区的环境是每个业主及物业公司的共同责任。业主张先生在楼道内焚烧纸钱，除了影响环境卫生、对其他业主造成妨碍外，很可能蕴藏着不可测的危险。这一行为本来就是不对的，而且由于焚烧纸钱引发消防喷淋装置喷水导致电梯进水，就应该承担一定的责任。《民法典》第五百七十七条规定："当事人一方不履行合同义务或者履行合同义务不符合约定的，应当承担继续履行、采取补救措施或者赔偿损失等违约责任。"所以，业主张先生违反了相关的法律法规，需要承担相应的赔偿责任。

其实，在楼道内焚烧纸钱还需要承担一定的刑事责任，因为有纵火的嫌疑。对于这种为了省事，在楼道狭窄的空间里烧纸钱祭祖的陋习，物业公司有义务予以劝阻和制止，制止无效的，有权上报公安机关介入处理。所以，业主最好不要在楼道内焚烧纸钱，避免一切安全问题。祭祀没有错，但是可以选择文明环保的祭祀方式，如书写缅怀先人的祭祀文章、遗像前供奉鲜花等，同样也可以寄托对先人的哀思。这样既低碳环保，又弘扬文明新风，还防止了火灾发生，一举多得。

当然，如果接受不了文明环保的祭祀方式，那么在焚烧纸钱的时候需要选择一个远离住宅小区、较为开阔的空地。

处理技巧

（1）物业公司既要加强教育引导又要尊重业主焚烧纸钱的习俗，可以指定具体的地点供业主焚烧纸钱，然后进行统一管理。

（2）逢中元节或其他祭日，物业公司可以提前发出告示，提醒业主自觉遵守物业公司关于到指定地点焚烧纸钱的规定并派专人到现场疏导监督。

（3）要求所有在楼层作业的员工主动负起责任，在巡视的过程中发现违规焚烧纸钱的业主当即予以劝阻和制止，加大管理力度。

（4）严肃查处违规焚烧纸钱的现象，对不听劝阻、屡禁屡犯的给予书面告诫，严重的进行处罚或提请消防主管机关处理。

小区内胡乱招贴引发的纠纷

典型案例

胡乱招贴，被人戏称为城市的“牛皮癌”。这种市场经济发育过程中出现的流行病，蔓延到大街小巷。某小区的业主张女士向小区物业公司反映，说：“我们小区现在到处都是广告，小区的楼道、小区的单元门上、小区的娱乐设备上以及电梯内等，全是搬家、装修、送餐、美容之类的广告，严重影响了小区的美观与形象。”

物业公司对于业主张女士的反映并没有给予及时的回应。

几天后，业主张女士发现反映的情况根本没有处理，又再次到物业公司去，要求物业公司立即处理小区内这些胡乱招贴的广告。

这次物业公司对业主张女士的反映的情况进行了调查，发现属实，便派人进行了整治与清理，同时还加强护卫巡逻工作，很快就减少了小区内胡乱招贴的现象。

案例分析

胡乱招贴的现象在日常生活中是很常见的，但是大多数业主并不以为然，认为不影响自己的利益，也就没在意。而该案例中，业主张女士认为这种现象严重影响了小区的美观与形象，于是向物业公司反映，物业公司最终也能及时进行处理，避免了与业主之间的关系僵化，也为所有业主提供一个美观舒适的居住环境。

《物业管理条例》第三十五条规定：“物业服务企业应当按照物业服务合同的约定，提供相应的服务。”所以，物业公司理应做好小区内的一切管理服务，对业主提出的问题，应该及时进行处理与解决。

《民法典》第二百七十一条规定，业主“对专有部分以外的共有部分享有共有和共同管理的权利”。因此，案例中业主张女士反映的地方都属于业主共有部分，业主应该做好管理的义务，如果这些地方被胡乱招贴，应该及时向物业公司反映情况。

因此，案例中，业主张女士的做法是对的，业主应该向张女士学习，做好小区内共有部分的管理权利。

处理技巧

（1）物业公司应该在每栋楼的入口处设置一个广告橱窗，为向业主传播信息的各界人士提供广告登载服务，避免一些不良的广告胡乱招贴在小区内，这样的方法也有利于进行有效有序的管理。

（2）物业公司要加强小区内的巡查，发现楼内派发广告，当即按照广告上的联系渠道，或打电话或邀人前来，指出其错误做法和应当怎样去做，督促其依规行事。

（3）物业公司加强小区内人员的进出管理，避免一些人在小区内胡乱招贴广告。

公共绿地被改为停车位引发的纠纷

典型案例

2021 年 4 月，张先生购买某房地产开发公司的北京市某小区的两居室一套，入住后发现该小区因为紧邻商业区，经常有外来车辆停放在小区内，导致小区内停车位十分紧张。除了部分固定车位以外，道路两旁能够停车的位置也都停满了车，由于业主张先生的车经常找不到停车位，于是向物业公司投诉，要求物业公司不要再让外来车辆进入小区，小区内的停车位应该先满足业主。物业公司并没有听取业主张先生的建议，依旧一意孤行，让外来的车辆停放在小区内。

2021 年 7 月，小区物业公司未经有关部门批准，也未征求业主意见，擅自将小区西南角的一片绿地的草皮、花基铲掉，改建为停车位，引起了包括广大业主的反对。后来业主委员会与物业公司沟通，要求拆除停车位，恢复绿地，并不让外来车辆进入，满足业主停车的需求。但是双方多次协商无果，业主委员会只好起诉至法院。

物业公司辩称，小区内停车位十分紧张，很多业主车辆无处停放，所以意见很大，外来车辆随意停放给小区业主生活带来不便，物业公司为了公共利益需要，充分利用资源才将小区绿地改为停车位，并无过错，而且该停车位也是给小区业主使用的。

法院审理后，调查发现物业公司所说情况并不属实，判令物业公司拆除停车位，恢复绿地。同时，要求物业公司先要满足小区业主停车的需求。

案例分析

《最高人民法院关于审理建筑物区分所有权纠纷案件具体应用法律若干问题的解释》第十四条规定："建设单位或者其他行为人擅自占用、处分业主共有部分，改变其使用功能或者进行经营性活动，权利人请求排除妨害、恢复原状，确认处分行为无效或者赔偿损失的，人民法院应予支持。"小区绿地，是小区的氧吧，是小区建设前就已经规划好的，其用途不能随意改变。而且小区绿地属于业主共有部分，本案例中物业公司未经过业主同意，就擅自将小区绿地改建为停车位，侵害了全体业主的合法权益，业主委员会诉请被告拆除停车位恢复原状，符合法律规定。

其实，对此类诉讼应区分情况分别处理。

第一，如果小区业主大会决定将小区绿地改建成停车位并委托物业公司按照相关法律规定办理有关手续具体实施，在此种情况下，如果业主个人认为该行为侵害其权益，业主个人无权直接起诉要求恢复原状，其应当依照《民法典》第二百八十条的规定起诉要求撤销业主大会的决定。

第二，如果物业公司未征得相关业主、业主大会的同意，就擅自将小区绿地改建成停车位，小区业主、业主委员会可以向相关行政执法部门投诉，由相关行政执法部门依法处理。或者根据《最高人民法院关于审理建筑物区分所有权纠纷案件具体应用法律若干问题的解释》第十四条第（一）款的规定，小区业主委员会向人民法院提起诉讼要求恢复原状。

因此，该物业公司既未经有关部门批准，也未征求业主意见，擅自将小区的绿地改为停车场，属于侵犯业主的合法权益，理应承担相应的责任。

处理技巧

（1）物业公司对小区内业主共有部分的使用或占有，一定要经过业主们的同意，否则不得随意使用或占用，侵犯业主的合法权益。

（2）物业公司与业主发生矛盾要协商处理，尽量避免上法庭，因为耗时、耗力、耗钱。

（3）如果因为物业公司的疏忽而侵犯了业主的合法权益，物业公司应该赔礼道歉，并承担相应的赔偿责任。

第5章

物业安全维护岗位纠纷的沟通处理

物业安全维护是指物业公司采取各种措施、手段，保证业主的人身、财产安全，维护业主正常生活和工作秩序的一种管理行为，这也是物业管理服务工作最基础的工作之一。对于小区内出现的安全维护问题以及由此产生的纠纷，物业公司要引起重视并进行妥善处理，致力于为业主提供一个安全舒适的工作与生活环境，以提高他们的生活质量。

业主在小区内被抢劫，要求物业公司赔偿损失

典型案例

某花园A栋1508房业主李先生深夜下班回来时在小区内被不法分子抢劫，在争执中，李先生手部脱臼。于是李先生以物业公司未尽物业管理服务职责、安防人员不合格导致小区不安全、业主人身受到伤害为由将物业公司告上法庭，要求物业公司赔偿医疗费、营养费、护理费、交通费、误工费及精神损失费共计人民币98 650元。

物业公司辩称，物业管理的保安服务的范围是指为维护物业管理服务区域的公共秩序而配合公安机关实施的防范性安全保卫活动，其进行物业管理服务时，并不负有保证每位业主人身安全的义务。而且物业公司也已按照《物业服务合同》要求配备了24小时安防人员，案件发生时，门岗当班的安防人员及巡逻安防人员并未发生违规操作或脱岗现象，也没有发现陌生人进入大厦。因此，不同意业主李先生的诉讼请求，但愿意从道义上给予李先生一次性经济补偿人民币2 500元。

人民法院经一审后认为：业主李先生与物业公司订立的物业服务合同是双方自愿，合法有效。随后根据双方提供的陈词、证据，以及相关法律法规，作出如下判决：

（1）业主李先生要求物业公司赔偿人民币98 650元的诉讼请求不予支持。

（2）物业公司在本判决生效之日起10日内补偿业主李先生人民币2 500元。

一审判决后，业主李先生不服提出上诉，结果被驳回。

案例分析

本案例的焦点是物业公司是否履行了《物业服务合同》约定的保安防范服务义务，这是物业公司是否承担法律责任的依据。

物业公司收取物业费的基础是提供物业管理服务，而提供物业管理服务的具体内容及标准又是通过《物业服务合同》具体约定的。所以，要确定物

业公司是否需要承担责任、业主是否可以此为由要求物业公司赔偿损失，就要看《物业服务合同》的具体约定内容和实际履行情况。安保服务在物业服务合同中一般会有明确约定，是否实际履行需要物业公司举证证明，其应提供充分有效的证据证实安保监控系统全面、有效，同时还要证明制定了严格的安保制度、配备了足够数量的安保人员、装备了足够的安保器械等。但是从刑事案件发生的特点来看，一是具有突发性、隐蔽性；二是难以避免；三是单纯依靠物业公司的安保服务不可能完全避免和杜绝。

《物业管理条例》第三十五条第二款规定："物业管理企业未能履行物业服务合同的约定，导致业主人身、财产安全受到损害的，应当依法承担相应的法律责任。"物业管理安全服务的性质是一种群防群治的安全防范服务，关键是看物业公司的保安防范工作是否到位。如果安全防范工作没有疏忽，不存在管理上的缺陷，则物业公司不需要承担责任；相反，如果根据《物业服务合同》的约定，物业公司存在明显的过错，则需要承担未履行合同或履行合同存在瑕疵的赔偿责任。物业管理中的保安义务不能等同于保镖义务，也不能要求物业公司确保物业小区内所有财产和人身的安全，物业公司无须承担因业主人身、财产遭受损害的赔偿责任。安全防范的义务重在履行过程，只要履行了安全防范义务，但仍无法阻止损害结果发生的，提供安全防范义务的一方应当不再承担民事责任。

本案中的业主李先生虽然在其居住的小区内遭受不法侵害，但并不能因此认定物业公司在履行安全防范义务上存在过错。物业公司不可能确保所有公共场所内人身和财产的安全，也不可能接受这种义务。因此，物业公司对业主在小区内，如电梯、楼道等公共场所遭受侵害所致的损失，如果没有证据证明物业公司存在管理上的过错，就不需要承担民事责任。

处理技巧

（1）当小区内出现业主被抢劫的情况，物业公司应该加强管理，并出面解决，同时做好后期的处理工作，并查看是否是物业人员的工作疏忽造成的，如果是，应该做好业主的赔偿工作；如果不是，也理应承担一定的连带责任，做好业主的慰问工作，避免与业主之间激化矛盾。

（2）物业公司在与业主签订《物业服务合同》时，应该明确双方具体的权利与义务，这样可以有效避免业主在小区内发生安全事故都推到物业公司身上，避免了一些不必要的麻烦。

（3）物业公司与业主产生纠纷，能够协商解决的一定要协商解决，因为通过其他途径解决比较耗时、耗力、耗钱，也不利于物业公司与业主之间的关系，只会加剧彼此的矛盾。

监控坏了，业主要求物业公司承担自己财产被盗的损失

典型案例

2021 年 6 月 25 日下午，四川省成都市某花园小区业主阿惠与家人锁好门窗后外出办事，第二天晚上回到家中发现家里被翻得乱七八糟，厨房的防盗网被剪烂，房门也被反锁，业主阿惠立即意识到家中遭遇窃贼洗劫，并向公安机关报警。

随后阿惠清点家中财物发现窃贼共偷走家中现金、平板电脑、金银首饰等，价值共计 5 万元。案发后，阿惠到物业公司管理处查看事发录像时发现，案发现场的摄像头并无视频信号。于是阿慧很恼怒，质问物业公司的负责人，物业公司却说监控坏了，无法查看录像。面对物业公司不负责任的态度，阿慧只好将物业公司起诉至人民法院。

阿惠认为由于物业公司无法提供事发当日现场的监控录像，导致公安机关至今未能侦破案件，且物业公司没有及时做好安保工作，安保人员玩忽职

守，安保设备坏了也没有及时维修，安保设备形同虚设，才导致家中被盗。所以，物业公司应该承担责任，赔偿财产损失共计 5 万元，在消防通道的窗户上加装防盗设施和在消防楼梯及地下停车场加装监控设备，同时对于坏的监控设备也要做好维修工作。

物业公司辩称，本公司已履行物业管理服务义务，对业主的房屋失窃不存在过错，业主的房屋内部财产损失不属于安保范围，业主的举证不能证实实际损失情况。因此，不同意业主的全部诉讼请求。

在庭审中，阿惠还表示房屋所在大楼的消防通道二层南侧的窗户没有安装全封闭式防盗网，导致他人可翻越该窗户到达二楼露天平台继而从房屋的厨房窗户入室盗窃。

物业公司则表示，物业管理人员需要从该窗户进出以便对露天平台进行日常清洁及管线维修养护工作，所以对其没有进行全封闭。

经人民法院实地勘验可见，被盗房屋位于二楼，被盗房屋的厨房窗户（已安装防盗网）与本层的露天平台平齐。露天平台与该楼的消防通道有窗户相隔，即消防通道的二层南侧有一扇对开窗，该窗下部约 1/4 安装了不锈钢防护栏，但无安装防盗网，通过该窗户可直达二楼露天平台。

除此之外，人民法院在调查的过程中，发现业主与物业公司签订《物业服务合同》，约定物业公司的管理事项主要如下：对共用部位、设施设备的维修、养护和管理及对公共区域安全值班、监督和巡视等服务，如未达到物业管理服务质量约定目标的，业主有权要求物业公司限期改正，逾期未改正给业主造成损失的，物业公司应承担相应法律责任等。

最终，法院判决如下：物业公司赔偿业主阿惠财产损失 3 万元，驳回业主其他诉讼请求。

案例分析

小区安全维护、公共秩序管理是物业管理服务的重要内容。近年来，随着科学科技的进步，安保措施不断升级，安保服务的标准也逐渐提高。很多住宅小区的物业公司收取较高的安保费用（多包含在物业费中），采取多种安保措施，诸如安装全方位、无漏点的监控设备，加大安保人员的巡视力度，购置安保专业车辆，承诺24小时安保服务等。但是，不论安保措施如何严密，安保人员的数量如何增加，监控设备如何先进，任何一个小区内都不可能完全杜绝业主财物被盗的事件。此类事件虽因不法侵害行为而起，涉及刑事犯罪，但受害业主常常以物业公司不尽责、存在违约情况为由，拒绝缴纳物业费，有些业主还以此为由进一步向物业公司提出赔偿财产损失的要求。

物业公司与业主之间并不存在财产的保管合同关系。《物业服务合同》中没有对业主私人财物保护的特别约定，物业公司也没有保护业主住宅私人财物的义务，而且业主财物被盗是因犯罪行为所致，物业公司本身不是公安机关，其提供的安保义务只是协助维护小区治安，不能取代公安机关的职能。同时，业主财物丢失多发生在其自己家中或其自行控制的范围内（如储藏室），其家中或其自行控制的范围实际是不在物业公司能够直接控制的范围之内的。因此，就业主财物被盗来说，物业公司应当承担的责任是有限的，仅限于《物业服务合同》规定的安保义务。在实务中，如果业主提出抗辩，则主要应看物业公司提供的安保服务是否存在瑕疵或缺陷。如果在业主财物被盗事件中，物业公司存在严重的失职情况，提供的物业管理服务确实存在问题，如安保人员值班期间脱岗、安保人员配备不足、监控失效等，就可以考虑酌情减免业主应当缴纳的物业费。如果业主确有证据证明家中财物被盗，且物业公司提供的安保服务存在瑕疵或不足的，则业主可以要求物业公司承担赔偿责任。

就像本案中一样，业主家中失窃是因为物业公司未做好安保工作，同时监控设备损坏，无法提供录像视频。所以，物业公司需要承担赔偿责任。

处理技巧

（1）物业公司平时应该做好安保工作，保证小区内的安全，保障业主的人身与财产安全，避免不法分子进入小区盗窃。

（2）物业公司要加强安保人员的培训，让其做好小区的安保工作，加强小区巡逻。

（3）物业公司对小区内的监控设备、防盗设施等应该经常检查，发现损坏的应该及时进行维修与更换。

单元门被损坏未及时修理业主财物被盗，要求物业公司承担责任

典型案例

“门禁坏了，单元门就是摆设，小偷进来太容易了！”2020 年 10 月 30 日上午，重庆市某小区业主黄先生向业主委员会反映，说：“该小区 10 号楼 2 单元 2 名业主家 30 日凌晨遭入室盗窃。其实这个单元门已经坏了一个多月，业主多次反映，但物业公司一直没有进行维修。这不就发生盗窃案了。”

10 月 30 日上午 10 时许，业主委员会小刘来到小区 10 号楼 2 单元门前观察发现，业主进入单元楼，无须刷卡，用手轻轻一拉便打开了单元门。

该单元 5 楼一业主关先生说：“9 月底发现单元门受损坏了，我就向物业公司反映，其他业主也反映多次，但物业公司一直没有派人来维修。昨天晚上 11 时许，我回家后，将电脑包和衣服放在客厅沙发上，衣服兜内放了 1 万元现金，钱包内还放了 3 000 多元现金。今天早上起床后，发现电脑包被拉开，于是我赶紧查看，发现衣服兜里和钱包里的现金都不见了。”

与此同时，该单元 7 楼业主向先生发现自己放在客厅桌子上的手包被拉开，包内 4 000 多元现金被盗窃一空，爱人钱包内的 1 000 多元现金也不见踪影。向先生很生气地说：“小偷也太猖狂了，昨天晚上保姆还睡在客厅呢！”

小刘发现，业主关先生和向先生家的大门都没有被撬过的痕迹。向先生

还和小刘说："早上民警现场调查后称，小偷使用的是技术开锁，数秒便可打开门锁。"而据小刘了解，关先生和向先生家大门当晚都没有反锁。

随后小刘又走访了解，小区内的11号楼2单元2楼一业主家也遭遇入室盗窃，该业主家里2 000多元现金被盗，被盗时家中有人。而该栋楼2单元门同样受损坏了，据业主反映，该单元门已损坏1年多了，但物业公司一直没有进行维修。

根据业主们反映情况，小刘只好找物业公司了解原因。物业公司有关负责人翟先生说："早上物业公司共接到3起入室盗窃报案，警方也已介入调查。至于业主们反映的安保情况，小区安保分为人保和技保，但是小区物业费低廉，资金有限，有1万多住户的小区目前只配备了30多名保安，且都年过五旬。技保方面，小区监控设施因线路老化很多都已无法使用，同时由于业主使用不当，该小区的112个门禁锁，近30%都存在不同程度的损坏。很多业主用砖块、石头、木棍等将门卡住，造成门锁长时间处于非闭合状态，一些业主由于未带门禁卡便强行砸门、掰门等，造成门体变形，单元门受损。其中个别单元门损坏情况较为严重，单元门修好不超过3天便又遭损坏。如果维修的话需要动用维修基金，必须征得2/3的业主同意，暂时还没有征求业主们的意见。至于今天发生的盗窃案，本公司以后会加强对偷盗高发区域的安保巡逻，尽快维修10号楼2单元及11号楼2单元的单元门。案件交由警方调查，我们也尽量提供相关资料帮助警方早日破案，追回业主的财产损失。"

案例分析

现在住宅小区大多有安装单元门，单元门在安全防护、出入人员控制、保护业主人身和财产安全方面发挥着重要的作用。但限于单元门自身质量原因、使用不当因素等，很多小区的单元门经常被损坏，需要不断维修和更换。当小区的建设单位没有撤离或是单元门系统的质保期未过时，维修一般会比较及时；如果超过质保期或小区建成交付，建设单位撤离后，再出现单元门被损坏则往往维修和更换不及时，甚至长期得不到维修的情况也时有发生。一些业主家中财产被盗，虽然单元门损坏不是必然原因，却也被业主作为拒绝缴纳物业费的理由。

业主向物业公司缴纳物业费，费用中就含有安全保障的部分，这是双方之间的合约。单元门是小区安全保障设施的一部分，单元门受损，物业公司未及时进行维修，长期疏于养护管理，或对于业主的报修置之不理，造成大范围内单元门长期处于损坏的状态，给业主生活造成严重不便或严重影响生活安全的，这说明物业公司未尽到安全保障义务，导致业主家失窃。因此，鉴于这样的情况，物业公司应该承担一定的责任。

处理技巧

（1）对于业主的报修请求，物业公司要及时处理，确保业主的人身与财产安全。

（2）如果由于物业公司的怠于维修导致业主家中失窃，物业公司要承担一定的赔偿责任，并向业主赔礼道歉。

（3）物业公司要加强安保管理，加强小区内的巡视，发现存在安全问题的公共设施要及时解决，为业主提供一个安全的居住环境。

业主因使用小区健身器材受伤引发的纠纷

典型案例

2020 年 4 月 23 日下午，天津市某小区 16 栋楼的业主刘女士带着孩子在小区内的健身场所玩耍。在快要回家的时候，为让女儿开心，刘女士就和女儿玩起了跷跷板。刚玩一会儿，跷跷板的把手突然断裂，刘女士的脸部撞在把手的断裂处，造成面部和身体多处受伤，右边门牙因受撞击脱落。由于小区内的健身器材被损坏，才导致刘女士受伤。于是刘女士找物业公司理论，要求物业公司给予赔偿。

但是，物业公司认为这是业主自身的问题，与物业公司无关，物业公司不承担任何相关责任。

刘女士因赔偿事宜与物业公司多次协商未果，只好将物业公司告上法庭。

法院审理后认为，因该小区内的健身器材属于物业公司管理，物业公司对该健身器材负有维护和管理的义务，由于物业公司管理不到位，未及时维修受损的健身器材，造成刘女士身体伤害，存在一定的过错，应该承担相应的赔偿责任，于是依法判决物业公司赔偿刘女士医疗费、误工费等各项损失共计 5 892 元。

案例分析

现在大多数小区都会在小区内设置各式各样的户外健身器材，这些公共设施为业主们开展健身运动提供了不少便利。然而，这些户外健身器材有的超期服役，有的缺少维护，有的遭到人为破坏，更甚至有的是“三无”产品。如果不及时消除这些安全隐患，就会给业主们的人身安全带来极大的威胁。就像本案例中，由于物业公司管理不到位，才导致业主刘女士受伤。根据《物业管理条例》第三十五条规定：“物业服务企业应当按照物业服务合同的约定，提供相应的服务。物业服务企业未能履行物业服务合同的约定，导致业主人身、财产安全受到损害的，应当依法承担相应的法律责任。”因此，物业公司需要承担相应的责任。

这种因户外健身器材而受伤的情况，在划分责任的时候通常分为以下三类。

第一类，物业公司对健身器材的安全监督管理负有一定的责任。一般情况下，小区的健身器材由建设单位购买并安装，也有的是由小区所在地的居委会配建的，不管哪种情况，都属于公共设施的一部分，供业主使用。物业公司的物业服务内容包括物业共用部位及共用设施设备的使用、维护和管理。如果是物业公司对小区健身器材疏于管理，没有履行日常维修养护和对超期服役的健身器材进行更换的义务，物业公司应当对因此造成他人的损害承担相应的赔偿责任。

第二类，如果因为健身器材本身的质量问题导致他人损害的发生，那么健身器材的生产者或销售者也同样应当承担相应的赔偿责任。

第三类，如果健身器材活动区域已经设置了安全警示牌或使用说明牌，却由于业主自身未按照安全提示进行健身操作而导致损害的，那么业主应自行承担相应的责任。比如单双杠，很多孩子喜欢在单双杠上表演惊险动作，如倒挂金钩、荡秋千，甚至健身过程中吃东西、说笑打闹。业主除了告诫孩子不要尝试危险动作之外，也要教给孩子一些自我保护措施。

处理技巧

（1）如果小区内的健身器材由于物业公司长期未维修而造成业主受伤的，物业公司应该承担一定的赔偿责任，并向业主赔礼道歉，同时应该向业主保证，做好公共设施方面的管理，对于一些损坏的器材做好维修养护工作，避免其他业主再次受伤，这样才能够缓解物业公司与业主之间的关系，避免双方关系僵化。

（2）物业公司要加强管理，做好小区内的公共设施的维护与管理工作，同时要在健身器材的旁边设置告示通知，让业主在健身时注意安全。

小区外墙脱落砸人引发的纠纷

典型案例

2020 年 8 月 30 日下午，吴女士到公园小学接女儿回家。两人步行在回家的路上，走到所住小区 15 栋楼前时，忽然从楼上坠落花岗岩瓷砖，砸中吴女士右脚5个脚趾，致使吴女士脚趾受伤，坐于地上，不能行走。此时，刚好遇到正在巡逻的保安人员，保安人员拍了现场照片和录像，同时向120求救，将业主吴女士送到红十字医院治疗。医院检查结果：吴女士右足被重物砸伤致右足5趾骨折。经检查，因伤情严重，当日吴女士转院至工人医院南院骨一科进行住院治疗。

经查，砸中吴女士的花岗岩瓷砖是15栋楼3层的镶边瓷砖脱落，脱落的瓷砖共计3块，其中一块坠落时砸中吴女士右脚5个脚趾，造成吴女士右脚5趾开放性骨折。

由于受伤比较严重，吴女士将物业公司告上法庭，要求物业公司赔偿。吴女士认为物业公司是该小区的管理者，对小区内的建筑物负有维护与管理的义务，其未尽维护与管理责任致使瓷砖脱落致人身损害，具有失职的过失，理应承担赔偿责任。现场飞落的瓷砖致使正常行走在人行道上的本人与女儿受到严重惊吓，并造成本人的人身伤害及其女儿轻微擦伤的结果，给本人造成了严重的精神损害，物业公司不仅应当赔偿人身伤害损失，还应当赔偿精神损害。业主吴女士依据《民法典》第一千二百五十三条及《最高人民法院关于审理人身损害赔偿案件适用法律若干问题的解释》的相关规定，要求物业公司赔偿：医疗费12 956元，误工费10 069元，住院护理费1 269元，住院伙食补助费640元，残疾赔偿金42 486元，伤残鉴定费700元，精神损害赔偿1万元。在庭审过程中，吴女士自愿将诉讼请求变更为3.5万元。

后来，经人民法院主持调解，物业公司与业主吴女士自愿达成如下调解协议：物业公司赔偿吴女士共计3.5万元。

案例分析

这是一起建筑物脱落致人伤害的物件致人损害纠纷，这种纠纷通常分为以下三种情况来处理。

（1）外墙保质期内建造者应承担相关责任。

外墙是归公共使用的，首先要看外墙保质期是多久，如果外墙砖仍在保修期内，施工单位和开发商应当承担相关责任。《建设工程质量管理条例》第四十条设定了保修期限，同时第四十一条规定："建设工程在保修范围和保修期限内发生质量问题的，施工单位应当履行保修义务，并对造成的损失承担赔偿责任。"

（2）没有委托物业公司的，由全体业主承担赔偿责任。

根据《民法典》及相关法律法规规定，房子外墙属于公共部位，由该栋楼的业主全体共同拥有。同时根据《民法典》第一千二百五十三条规定："建筑物、构筑物或者其他设施及其搁置物、悬挂物发生脱落、坠落造成他人损害，所有人、管理人或者使用人不能证明自己没有过错的，应当承担侵权责任。所有人、管理人或者使用人赔偿后，有其他责任人的，有权向其他责任人追偿。"因此，没有委托物业公司的，由全体业主承担赔偿责任。如果业主们都不愿承担维修义务，或因部分业主不同意出钱而使得外墙维修提议不能通过，一旦发生外墙瓷砖脱落伤人事件，全体业主也要共同承担赔偿责任。

（3）全体业主委托的物业公司负责赔偿。

物业公司作为公共外墙的管理者，有责任保证外墙及附属物的安全。外墙瓷砖脱落的原因是由于雨雪水浸入缝隙及砖坯中，经年温差的热胀冷缩和冻融循环，瓷砖便开始脱落，一旦边缘开始脱落，便会大面积受损。对于房屋外墙容易发现脱落的部位，物业公司应该及时检查，尽量早发现问题，早排除隐患。

本案例中小区 15 栋楼瓷砖脱落是物业公司对建筑物共有部分疏于检查、维修等管理瑕疵的过错行为导致。因此，物业公司具有主观过错，依法应当承担相应的赔偿责任。

处理技巧

（1）物业公司要加强管理，及时发现小区内的安全隐患，做好小区内建筑物的维护与管理，确保为业主提供一个安全的居住环境。

（2）由于物业公司在建筑物的管理上存在瑕疵而造成业主受伤的，物业公司应该承担全部的责任，并向业主表示歉意与慰问，同时向业主保证加强小区内的管理，让业主放心。

小区广告牌坠落砸人引发的纠纷

典型案例

2020 年 9 月，业主王先生骑自行车路过小区物业公司管理处时，外墙上的一块广告牌因刮风坠落将王先生砸倒在地受伤。王先生被送到医院住院治疗，支出医疗费 20 000 余元。王先生受伤后多次找物业公司协商此事未果，于是起诉至人民法院，请求物业公司赔偿医药费 30 000 元。

物业公司辩称，业主王先生的损伤与他们公司无直接关联，因为砸伤王先生的广告牌并非物业公司的，只是挂在物业公司的外墙上而已。想要追究责任应该是该广告牌子的所有人承担责任。

法院调查发现，该广告牌在 3 年前安装的，原固定广告牌的 4 个螺丝，其中 2 个已经锈蚀、滑牙，经风雨长时间吹刮，已经无法承受其重，这次大风一刮就掉下来了。

人民法院经审理后认为，根据相关的法律规定，建筑物或其他设施以及建筑物上的搁置物、悬挂物发生倒塌、脱落、坠落造成他人损害的，它的所有人或管理人应当承担民事责任。所以，物业公司的广告牌被大风刮倒，将业主王先生砸伤，物业公司作为管理人应该承担一定的民事责任，并承担主要责任。业主王先生对被砸伤后果无责任，因为王先生提供的小区监控录像足以证实物业公司广告牌将其砸伤。依法判决物业公司赔偿业主王先生治伤医疗费 28 600 元。

案例分析

现实生活中，悬挂在楼面、楼顶的广告牌匾随处可见，因广告牌不慎坠落引发伤人、毁坏财物等事故时有发生。

对于本案，大家可能会误认为大风引起的损害属于不可抗力，作为物业公司不需要承担赔偿责任，或者即使承担也是很小的责任。其实按照法理分析，本案中的物业公司是要承担责任的。

《民法典》第一千二百五十三条规定：“建筑物、构筑物或者其他设施及其搁置物、悬挂物发生脱落、坠落造成他人损害，所有人、管理人或者使用人不能证明自己没有过错的，应当承担侵权责任。所有人、管理人或者使用人赔偿后，有其他责任人的，有权向其他责任人追偿。”也就是说，其所有人或者管理人除了能证明自己没有过错的以外，都应该依法承担民事责任。在案例中，物业公司作为广告牌的管理者，对广告牌疏于管理与维护，致使原固定宣传栏的 4 个螺丝，其中两个已经锈蚀、滑牙，才导致该事件的出现，所以应该承担主要责任。

处理技巧

（1）物业公司在日常的物业管理服务工作中，应该忠于职守，做好设施设备巡查维修保养等常规工作，保证设施设备处于正常工作状态，特别是一些悬挂在建筑物上的广告牌，应该时常进行检查，避免其坠落砸伤人。

（2）在面对台风、大雨等灾害性事故来临前，物业公司应有预见能力和预防能力，积极做好预防工作，提醒业主们注意安全；而不能轻易、消极地以台风、暴雨、冰雹等不可抗力为借口，而忽视履行自己应尽的安全防范义务。

楼道地板滑，老人摔伤引发的纠纷

典型案例

太原市某小区内 5 号楼 405 室的李奶奶在吃完晚饭后想要出门散步，在下楼梯的时候不慎跌倒，跌断右腿股骨头，小区安全员发现后立即将李奶奶送进医院。

经诊断为：右腿股骨头粉碎性骨折，立即实施手术置换股骨头。手术后李奶奶提出：她是在小区的楼道内跌倒的，由于楼道地板滑，才导致摔伤的。

自己每月都缴纳物业费，其中包括楼道的公摊，那么，在楼道内摔伤的医疗费及精神损失费应该由物业公司来承担。

几经交涉，物业公司表示，业主李奶奶虽在小区楼道内摔伤的，没有他人伤害，且那天保洁员做好楼道清理工作后，有将“地板滑，请当心！”的警示牌放在楼道的醒目处。所以，业主李奶奶的摔伤与物业公司没有直接责任关系。

对于此事，李奶奶表示很生气，只好到业主委员会寻求帮助。

在业主委员会多次与物业公司协商，最后物业公司决定与业主李奶奶协商解决此事，赔偿李奶奶的医疗费 5 000 元。

案例分析

业主在小区公共区域受到伤害，如果物业公司未能及时报警或者发现异常情况没有及时注意，导致损害后果产生的，应该承担相应责任。如果因物业公司的管理不到位，未及时清理杂物、未对公共设备设施进行修复造成业主人身损害的，物业公司应该承担赔偿责任。为了规避因物业管理人员未尽到注意告知义务而引发的物业纠纷，物业管理人员应及时发现物业管理中的安全隐患，应该及时进行消除和在醒目的地方设置必要的警示标志。

本案例属于小区内发生个人原因引起的意外伤害问题。李奶奶虽在楼道内摔伤，而物业公司的本职工作没有延误，而且也让保洁员放置了警告牌，在李奶奶摔伤的时候，安保员也及时将李奶奶送至医院，李奶奶这种意外伤害的确是与自己不当心或一时路滑不适应造成的，与物业公司没有直接责任关系，物业公司没有义务为其支付医疗费和精神损失费。但是，最后物业公司还是对李奶奶进行了医疗赔偿，是出于人道主义，可见该物业公司对业主的关心。

处理技巧

（1）物业公司要加强物业管理服务，特别是保洁上的管理，一定要督促保洁员做保洁工作时，一定要在醒目的位置放置警示牌，提醒业主“小心地滑，注意安全”，避免业主发生意外事故。

（2）物业公司在处理与业主的纠纷时，能够协商解决的一定要协商解决，避免与业主关系僵化。

小区电梯夹伤人引发的纠纷

典型案例

2020 年 10 月 25 日早上 8 时 30 分，业主陈女士在居住处从 6 楼准备乘电梯下楼。她进电梯时，门还没关上，电梯就开始往下走。她站立不稳摔倒，双腿被电梯门夹住，卡在 6 楼和 5 楼之间，无法动弹。

事故发生后，该小区的物业公司相关人员赶到现场，并通知电梯维护保养公司到场排除故障，与其他业主一起参与救援。消防人员将业主陈女士救出，随后将她送往医院治疗。

业主陈女士认为，物业公司作为小区的管理人，有义务对小区的公共设施进行定期检查，发现问题及时进行维修。物业公司怠于管理，对事故发生负有不可推卸的责任。而电梯维护保养公司，应定期对电梯进行维护与保养，确保电梯安全运行。电梯发生故障，电梯维护保养公司应与物业公司承担连带赔偿责任。

于是，陈女士将物业公司与电梯维护保养公司一起告上法庭。

法院调查后认为，物业公司没有过错，主要责任在于电梯保养公司，故判决电梯维护保养公司支付陈女士赔偿金 25 829 元。

案例分析

电梯是高层建筑物主要的垂直物流载体，确保电梯的正常运行和使用，直接关系到使用者的生命、财产安全。因此，电梯设备管理的重要性在物业管理中的地位十分突出。电梯故障一般是多种原因造成的，如电梯无定期维护、电梯管理维护不到位、电梯设备部件老化、电梯使用人员过多以及使用者不规范用梯等，都会影响到电梯的安全运行。根据《特种设备安全监察条例》相关规定，电梯维护保养公司应及时发现电梯存在的安全隐患并及时进行排除，保证电梯安全运行。在本案中，由于电梯维护保养不够，电梯维护保养公司未能对电梯存在的安全隐患进行及时排查，才导致的电梯故障，促使该事件的发生。所以，事故责任应该由保养公司来承担。而物业公司履行了对电梯的定期检查义务，也出具了检验合格报告。物业公司作为该小区的管理人，已尽到了对电梯的管理职责。物业公司在事故发生后履行了《物业服务合同》应尽的义务，因此对事故发生不存在过错。

处理技巧

（1）物业公司应对物业共用设备设施进行定期检查，督促工作人员忠于职守，发现问题及时进行维修。

（2）业主在物业管理范围内发生意外事故，物业公司应该及时出面进行处理与解决，确保业主的人身安全，事后也要做好安抚工作，做好与业主之间的关系维护。

小区游泳池内儿童溺亡引发的纠纷

典型案例

2020 年 5 月 6 日，汪先生与妻子谢女士携同 9 岁的长子汪大宝和 7 岁的次子汪小宝入住广州白云区某小区。8 月 23 日 7 点，汪大宝与汪小宝通过翻越游泳池外围墙上的栏杆进入游泳池。汪大宝先跳入游泳池，因不识水性导致溺水，而汪小宝呼叫汪大宝，无人回应后因害怕就离开游泳池。当晚 11 点左右，汪大宝被发现，送入市人民医院抢救，经抢救无效死亡。

汪先生认为该小区的物业公司需要对汪大宝之死负责，于是起诉至法院，要求物业公司连带赔偿合计 456 200 元。

业主与物业公司对谁需要承担汪大宝溺亡的责任各执一词。

汪先生认为，小区的游泳池属无证经营，且物业公司对游泳池的安全设施、人员及安全管理不到位。所以，才导致自家小孩溺水身亡的。

物业公司则认为，汪大宝溺水身亡时间是在对泳池检查完后，且是擅自进入泳池的，业主汪先生作为法定监护人，未尽到合理必要的监护义务，对发生溺水事故存在不可推卸的疏忽照顾责任，应该承担相应的责任。作为物业管理人，他们公司已于泳池原有的各项配套设施的基础上设置了多处安全防范的提示标志，并且泳池内也配置了安全员进行安全防范。汪大宝在泳池关闭以后私自进入泳池而发生意外事故，与他们公司管理工作无关。

法院审理后认为，汪大宝的父母作为监护人应该承担主要责任，而物业公司存在管理方面的漏洞，没有安排工作人员做好巡逻检查工作，应当承担次要责任。最终，判决物业公司赔偿业主汪先生 5 万余元。

案例分析

这起案件，是由于物业公司管理不到位与监护人未做好监护工作而引起的。

近年来，由于儿童游泳溺亡的案例不时发生，造成了许多家庭的不幸，令人痛心。国家《第一批高危险性体育项目目录公告》把游泳项目列入了第一批高危险性体育项目目录。

这类事故发生的原因，主要有以下几个。

一是泳池的本身没有达到国家标准，缺乏监视整个游泳区的指挥（瞭望）台、足够的水池扶梯、沉淀吸污设备或者自动水循环过滤、消毒、吸底设备、排水口安全防护网、应急照明灯等设施。

二是泳池经营者没有按照《全民健身条例》的规定提出申请并达到相应的审批条件，没有配备充足的救生员，并且工作人员缺乏必要的救生知识和责任意识。根据国家体育局下发的《体育场所开庭条件与技术要求（游泳场所）》的规定，水面面积在 250 平方米以下的人工游泳池，至少配备固定水上救生员 2 人；水面面积在 250 平方米以上的，按面积每增加 250 平方米及以内的，增加 1 人的比例配备救生员。

三是青少年的监护人和学校对青少年的安全教育不足。由于青少年是未成年人，对危险性的认知能力不强，不能准确地预判事件的危险性，家长不能疏忽大意。本案例中，由于父母的监护工作没有做好，才导致事故的发生。

四是物业公司没有做好管理工作。物业公司怠于管理服务工作，没有安排相关工作人员做好游泳池的巡视工作。本案例中就属于该情况，所以，物业公司需要承担一定的责任。

处理技巧

（1）物业公司应该做好小区内的物业管理服务工作，督促物业人员做好小区公共设施的巡视与维护工作，确保为业主提供一个安全的居住环境。

（2）由于物业公司疏忽引起的意外事故，物业公司应该承担起相应的责任，不可推脱。事后也要做好业主的安抚工作，避免业主过度伤心。对于不可挽回的意外事故，物业公司必要时要做好经济赔偿工作，以安抚业主。

在小区内因井盖损坏而掉入下水井引发的纠纷

典型案例

2019 年 12 月 7 日晚上，郭女士在自家小区散步却突然掉进下水井摔伤。郭女士称，当时井口没有井盖，井口上面仅放着一层薄木板。由于天色较黑，薄木板看上去很像是地板，并且井口周围也没有任何警示标志，郭女士以为是地板就踩了上去，没想到刚踩在上面就掉进井内，造成左腿膝盖骨折，右手指及髋骨骨裂。

事发后，郭女士找到物业公司，要求赔偿医疗费、误工费、护理费、住院伙食补助费、护理费、交通费、精神损害抚慰金等共计 3 万元，但是遭到拒绝，故起诉至法院。

郭女士认为，物业公司作为小区的物业管理公司，应当在小区内行人过往通道的危险地段设置警示标志或者采取必要的防范措施。而物业公司在损坏的井盖周围都没有设置明显的警示标志或采取必要的防范措施，才导致自己掉入下水井而受伤。因此，物业公司没有履行安全保障义务，应该承担一定的赔偿责任。

物业公司则认为，井盖损坏，他们公司已经在上边放了木板，只是还没来得及设置警示牌，业主郭女士应该绕开走，而不是往上踩。所以，郭女士自身也有一定的责任，不能全把责任归于他们公司。

经法院协调，最后业主郭女士与物业公司决定协商解决，物业公司承诺赔偿郭女士各项费用 15 288 元，郭女士也接受了物业公司的赔偿。

案例分析

上诉案件属于公共设施维护管理不当而造成业主人身损害事故，按照物业管理条例规定，业主可以追究物业管理公司的法律责任，而且类似案例在物业管理行业屡见不鲜，大多以物业公司败诉告终。

如果是封闭小区内的各种井盖，物业公司作为管理者，一旦发生事故，就应承担相应的责任。物业公司与小区的业主签订了《物业服务合同》，就应该履行对小区内井盖进行保险和定期检查维修的义务。《民法典》第一千二百五十八条规定，“窨井等地下设施造成他人损害，管理人不能证明尽到管理职责的，应当承担侵权责任。”所以，对于郭女士此次在小区内因误踩井口上的木板受伤，小区物业公司应对此负责。无论是初次的治疗还是后续一系列的检查，都应该负责，并承担相应的医疗费用。本案例中，物业公司赔偿郭女士的各项费用也是合理的。

处理技巧

（1）物业公司发现附近没有标志的井口或危险井盖，应该及时做警示标志，告知行人千万不可靠近，之后及时围起来或做明显的标记。同时，应该及时上报，做好维修工作。

（2）物业公司对小区内的公共设施应该做好定期的检查与维修工作。

（3）物业公司应建立风险防范体系，树立全员风险防范意识，对于无法避免的风险，应通过购买保险等方式进行转移。

小孩在小区内触电引发的纠纷

典型案例

业主孙先生的孩子在小区广场玩耍时发现旁边的树上有小鸟，于是用身边的铁条去打小鸟，结果被挂在树上折断的高压电线所吸而触电受伤。孙先生找物业公司理论，要求物业公司赔偿，物业公司拒绝了孙先生的要求。物业公司的处理方式让孙先生很不满，于是孙先生向人民法院提起诉讼，要求物业公司和电力公司共同承担赔偿责任。

法院调查发现，在距离广场约 5 米处，有 10 千伏的高压线，事发前天晚上有 7 级大风，大风将高压线刮断后挂在树上，导致损害事故的发生。

法院认为如下。

（一）物业公司不承担法律责任。

本案例中，高压电线不属于案发小区建筑物的配套设施，在物业公司与业主签订的《物业服务合同》没有约定物业公司维护高压线的正常使用与维护的内容，因而不应当属于物业管理服务事项的范围。根据《物业管理条例》以及《电力设施保护条例》等法律法规的规定，高压电线的维修与养护责任是由电力公司承担的，物业公司对高压电线漏电造成的损害，不需要承担赔偿责任。

（二）电力公司需要对孙先生进行损害赔偿。

《民法典》第一千二百四十条规定："从事高空、高压、地下挖掘活动或者使用高速轨道运输工具造成他人损害的，经营者应当承担侵权责任；但是，能够证明损害是因受害人故意或者不可抗力造成的，不承担责任。被侵权人对损害的发生有重大过失的，可以减轻经营者的责任"。本案例中孙先生的孩子并非故意触电，电力公司不具有免责条件，应当依法承担民事责任。

所以，判决如下：电力公司赔偿孙先生损失共计 2 568 元。

案例分析

《物业服务合同》与《供电合同》是两个法律关系。物业管理的功能在于保障物业的正常使用，维护小区的公共秩序与安全。物业管理的管理范围应当限制在建筑物及与建筑物密不可分的附属配套设施，并不是业主在小区内受到的所有伤害都应当由物业公司承担责任，物业公司承担责任的界线是由《物业服务合同》的约定以及相关法律法规的规定，如果《物业服务合同》中没有约定由物业公司对有关事项进行管理与维护，而法律法规又没有规定物业公司需要履行该事项相应的义务，那么物业公司不需要承担法律责任。

《物业管理条例》第五十一条规定："供水、供电、供气、供热、通信、有线电视等单位，应当依法承担物业管理区域内相关管线和设施设备维修、养护的责任。"所以，本案例中物业公司不需要承担任何责任。

而电力公司具有维修与养护高压电线的责任，应当严格依照《电力设施保护条例》及《实施细则》的相关规定，采取有力的措施保障电力设施的安全，在大风过后应当采取措施消除风险隐患。

本案例中就是因为电力公司没有及时排除安全隐患，未能及时检修刮断的电力设施，属于主观上的过失，才导致事故的发生，所以需要承担损害赔偿责任。

处理技巧

（1）物业公司的相关人员在做小区巡视工作的时候应该及时查看小区的

各方面，发现有危险的地方，应该及时上报，并在周围做好警示标志。

（2）发现小区内的电缆等发生故障，物业公司应及时联系电力公司的人员过来进行及时维修，避免业主不小心发生意外。

（3）碰见这种纠纷，物业要做好解释工作，不能认为自己没有责任就简单地打发业主。

小区广场石桌子倾倒伤人引发的纠纷

典型案例

2020 年 8 月 29 日下午，业主何女士与 7 岁的儿子小鹏一起在小区休闲广场上玩耍。小鹏在跑动中不小心撞倒了一张石桌子。石桌子倾倒，砸断了小鹏的左手食指和中指。事发后，何女士多次与物业公司交涉，要求物业公司对该事件做出赔偿。

但物业公司认为，小鹏受伤是由于其监护人看护不力造成的，公司不承担赔偿责任。

随后，何女士将物业公司告到人民法院，索赔医药费、精神抚慰金共计 1.4 万元。

在庭审过程中，物业公司表示不愿承担赔偿责任。

而何女士认为，物业公司没有做好小区公共设施的维修与管理，才导致孩子遭受石桌子的侵害，物业公司理应承担赔偿责任。

经法院审理后认为，该案件确实是由于物业公司对公共设施管理不当造成的，物业公司需要承担相应的责任。最终，判决物业公司赔偿何女士 7 200 元。

案例分析

《物业管理条例》第二条规定:“本条例所称物业管理，是指业主通过选聘物业服务企业，由业主和物业服务企业按照物业服务合同约定，对房屋及配套的设施设备和相关场地进行维修、养护、管理，维护物业管理区域内的环境卫生和相关秩序的活动。”因此，物业公司对小区内的公共设施负有管理与维护的义务，对于因公共设施存在安全隐患致使他人受伤的，物业公司应当承担损害赔偿责任。所以，物业小区休闲广场上的石桌子作为公共设施，物业公司对其负有管理与维护的义务。

本案中，物业公司未能提供足够证据证明其已尽到了管理与维修的义务，对损害的发生并没有过错，故应对小鹏的受伤承担赔偿责任。同时，业主何女士未尽到足够的监护义务，对孩子受伤也有一定过错，可相应减轻物业公司的部分赔偿责任。因此,本案中人民法院判决物业公司赔偿何女士 7 200 元。

处理技巧

物业公司要加强对公共设施的维护与管理工作，让物业管理人员在日常的巡视中，发现破损的或者已经损坏的公共设备设施要及时上报，并及时派相关人员进行维修与养护。如果不能及时维修的公共设备设施，物业管理人员要在醒目的地方设置警示标志，告知业主不要靠近，避免发生意外事故。

小区楼道窗户未安装防护栏致人受伤引发的纠纷

典型案例

2019 年 6 月 28 日，湖南长沙某小区，一位张奶奶到处寻找 2 岁的孙女莉莉。得知消息后，小区物业公司及其他业主合力帮忙寻找。后来有业主反映之前听到坠落的声响，以为是东西掉了，就没注意。最终，大家在 4 号楼的 2 层平台找到了莉莉，此时她已人事不省。大家赶紧把莉莉送往医院，不幸的是已无力回天。

张奶奶说：“我带着莉莉在小区内玩耍，怎么会突然坠楼在 2 层平台呢?”

通过查看物业公司的电梯监控回放，事件过程渐渐浮出水面。当时，莉莉和另外 2 个小孩一起进入了电梯。电梯按钮原本按亮在 9 楼，一个约 5 岁的小男孩跳了几下，按亮了 18 楼的按钮。到达 9 楼后，3 个小孩都出了电梯。可是不久后，小男孩又将莉莉抱回了电梯。之后，2 岁的莉莉被电梯带到了 18 楼，她走了出去，不久后便发生了坠楼。

经调查发现，在 18 楼的楼道窗户和其他楼层不同，偏偏这一处的窗户没有安装防护栏。即使莉莉独自到了 18 楼，如果没有这个安全隐患，悲剧可能也不会发生。根据电梯监控以及现场情况，可以推断出莉莉就是从 18 楼的楼道窗户发生了坠楼意外的。

案例分析

《物业管理条例》第四十六条规定：“物业服务企业应当协助做好物业管理区域内的安全防范工作。发生安全事故时，物业服务企业在采取应急措施的同时，应当及时向有关行政管理部门报告，协助做好救助工作。物业服务企业雇请保安人员的，应当遵守国家有关规定。保安人员在维护物业管理区域内的公共秩序时，应当履行职责，不得侵害公民的合法权益。”所以，物业公司对小区负有一定的安全防范义务，做好整个小区公共设施设备的安全保卫工作。如果物业公司在安全保卫工作上管理不当并造成管理区域内财产损失的，要根据其违约程度确定需要承担的责任和具体赔偿额。

在本案例中，可以看出导致莉莉坠楼最直接的原因是楼道窗户和其他楼层不同，偏偏这一处的窗户没有安装防护栏，才导致意外事故的发生。如果该处的窗户安装防护栏，也许悲剧就不会发生。因此，物业公司存在严重失职的过错，需要承担相应的责任和赔偿责任。

处理技巧

（1）对于这种明显属于物业公司责任的安全事故，物业公司要表现得主动一些，积极与受害者或其家人沟通，做好安抚工作，避免矛盾激化。

（2）这种纠纷要尽量走法律程序，通过法庭裁决划分好责任，处理好后续事项。因为事件比较复杂，牵扯到物业、未成年的小孩，只有通过法律途径，才能彻底解决。

（3）事后发布公告，对物业管理工作进行整改，查缺补漏，杜绝同类事件再次发生。

在地下车库内摔倒受伤引发的纠纷

典型案例

2018 年 3 月 25 日，业主高女士下班后和往常一样，把车停在小区的地下车库。下车后由于地下车库地面十分潮湿，车库的通风系统未开启，也无人打扫，高女士刚走几步就摔倒了，倒地后不能动弹，车库内没有值班人员，手机也没有信号，导致高女士无法求助，情况危急，幸好被其他停车人员及时发现并至地面报警，高女士才得以脱险。

高女士入住上海某医院救治，在伤情稳定后经上海某国际医学交流和发展中心司法鉴定所鉴定，她的左下肢丧失功能 16%，日常活动能力轻度受限，构成十级伤残，需要进行修养时间 5 个月，营养期 2 个月，护理期 3 个月。

由于高女士摔倒的地方是在自家的小区内，属于小区物业公司管理范围内，高女士认为这是物业公司未尽安全保障义务，导致其在地下车库摔伤，应当承担侵权责任。在此期间，高女士因与物业公司就赔偿问题协商不成，起诉至法院要求判令物业公司赔偿各项损失共计 15 869 元。

经审理后，法院认为，该小区由物业公司提供物业管理服务，高女士摔倒的实际情况以及提供的接报警信息、证人证言可以证明高女士的事故发生在物业公司管理的停车库内，因此没有采纳物业公司认为高女士摔倒地点并非在物业公司管理的停车库内的辩称意见，法院根据双方当事人过错程度以及高女士受伤的具体情节，酌情确定由物业公司对高女士的损失承担 30% 的赔偿责任，原告承担 70% 的责任。最终，判决物业公司赔偿高女士各项损失共计 4 760.70 元。

案例分析

根据《民法典》第一千零四条规定，“自然人享有健康权”。《最高人民法院关于审理人身损害赔偿案件适用法律若干问题的解释》第 6 条规定：“从事住宿、餐饮、娱乐等经营活动或者其他社会活动的自然人、法人、其他组织，未尽合理限度范围内的安全保障义务致使他人遭受人身损害，应承担相应的赔偿责任。”所以，物业公司在其管理范围内应该保障业主的生命安全，而且在管理的范围内采取合理措施防止险情、阻止损害、排除安全隐患的发生。在本案中，业主高女士作为完全民事行为能力人，应当持有相当的自我保护意识，通过自身的努力尽量避免损害事件的发生，如果地下车库当时情况确如高女士所述地面湿滑是显而易见的，那么她自身也应当负有谨慎义务。所以，案例中法院判决高女士承担 70% 的责任是合理的。同时，物业公司作为地下车库的管理者，应当向业主及访客提供安全的停车环境，虽然地下车库中贴有“小心地滑”的提示，但是从本案发生的实际情况以及高女士受伤后，物业管理人员并没有及时到场予以救助的情况来看，可以发现物业公司在管理上存在一定的不足之处，安保人员配备不足的情况显而易见。所以，物业公司需要承担相应的赔偿责任。

处理技巧

（1）做好辖区内安全隐患检查，如果发现问题要设置必要的安全警示标志，并及时处理。

（2）当业主在小区公共区域受到伤害，物业管理人员要及时为其提供帮助，减轻伤害程度。

（3）如果因物业公司的管理不到位，如未及时清理杂物、对公共设备未及时进行修复造成业主人身损害的，要承担相应的责任和赔偿。

楼梯防滑条破损致人受伤引发的纠纷

典型案例

2018 年 9 月 9 日陈先生下楼时被楼梯踏步裸露在外的防滑条绊倒摔伤，后因持续发热于当月 10 日被送到人民医院住院治疗。

经查，陈先生为右侧多发性肋骨骨折、右胸腔积液、右侧皮下血肿。因病情严重，9 月 12 日转往上级医院治疗，2018 年 10 月 10 日好转出院。2018 年 10 月 12 日因肺部感染、咳嗽加重再次入院治疗，2018 年 11 月 10 日死亡。

陈先生的太太刘女士认为，陈先生虽自身患有多种疾病，但不是死亡原因，其死亡与摔倒造成肋骨骨折并刺伤肺部，导致肺部感染无法痊愈有直接的因果关系。房地产开发商因施工质量原因造成楼梯踏步水泥脱落而使防滑条裸露绊倒陈先生，应对陈先生的死亡结果承担赔偿责任；而物业公司作为物业管理者，没有履行公共设施的日常管理与维护义务，也应该承担相应的赔偿责任。事故发生后，刘女士多次与房地产开发商和物业公司交涉，但都被拒绝承担赔偿责任，刘女士只好将房地产开发商和物业公司告上法庭。

庭审中刘女士诉称、证人证言、房地产开发商辩述及物业公司与房地产开发商的往来函件等证据均证明涉案楼梯确实存在磨损、脱落情况，存在一定的安全隐患。

法院认为如下。

（一）原告刘女士家属陈先生的死亡与涉案楼梯防滑条破损之间存在因果关系。2018 年 9 月 9 日陈先生被楼梯裸露防滑条绊倒摔伤的事实有相关证人予以证明，物业公司虽然对证人证言有异议，但没有向本院提供相关证据予以反驳，故对于上述事实法院予以采信。

陈先生生前自身患有多种疾病，主要有帕金森病史、小脑萎缩病史以及脑梗死病史，案发前陈先生已多次摔倒，本次摔伤造成右侧肋骨骨折、右胸腔积液、右侧皮下血肿、气胸、肺炎等症状，后病情加重为肺部感染并最终死亡。楼梯防滑条外露绊倒陈先生并不能导致陈先生死亡，其死亡原因是自身疾病和绊倒摔伤导致肋骨损伤肺部两者结合所致。

（二）房地产开发商对楼梯防滑条没有做好维修与养护的义务。根据相关法律法规的规定，楼梯属于主体结构其保修年限为建筑的合理使用年限，但楼梯上的防滑条应当认定为属于楼梯扶手、拦挡、架构等装修工程项目，不属于主体结构范畴，按照法律法规的规定装修工程的质保期限为 2 年。小区于 2015 年通过竣工验收，故房地产开发商作为建设方对于楼梯防滑条不再具有保修责任，免除其维修与养护的义务。

（三）物业公司对防滑条有维修、养护和管理的义务。根据房地产开发商和物业公司签订的《物业服务合同》，物业公司对房屋共用部分应当进行日常维修、养护和管理；根据使用状况，属于小修范围的，应该及时组织维修；属于大中修范围的，需要根据业主委员会的决定，组织维修或者更换。

基于上述《物业服务合同》和《物业管理条例实施细则》的相关内容，涉案小区的物业维护主体为物业公司。楼梯防滑条脱落属于建筑物构筑物的正常磨损，应当认定为《物业服务合同》中的小修范围，物业公司怠于维修，存在明显的过错，应对死者家属刘女士承担赔偿责任。本院酌定由其承担 20% 的赔偿责任。

（四）原告刘女士对死者摔伤应承担过错责任。陈先生生前患有的多种疾病多指向行动不便，下楼时应当由其家属陪同，其家属未尽到安全陪护义务，存在重大看护过失，应承担主要责任。

综上所述，法院判决如下：物业公司赔偿业主刘女士各项损失共计 56 897 元。

案例分析

楼梯作为竖向交通和人员紧急疏散的主要交通设施，人流量大、坡度陡，在使用过程中容易发生危险。由于楼梯的承载量大，导致楼梯附属设施磨损严重。在日常生活中，破损的防滑条极易绊倒上下楼梯的老人和儿童，甚至对于喜欢穿高跟鞋的女士也是一种安全隐患。防滑条本应是上下楼梯的安全保障，但是如果破损严重的话就会增加安全通行的风险，有违其设置初衷。

《物业服务收费管理办法》第二条规定："本办法所称物业服务收费，是指物业管理企业按照物业服务合同的约定，对房屋及配套的设施设备和相关场地进行维修、养护、管理，维护相关区域内的环境卫生和秩序，向业主所收取的费用。"所以，业主在正常缴纳物业费的情况下，物业公司应该做好小区公共设施的维修、养护与管理。在本案例中，物业公司作为小区公共设施的养护主体，应当根据《物业服务合同》约定对小区范围内的易耗物件及时进行检查与维修。针对这类存在的安全隐患的附属物件，应当及时发现，及时组织维修，避免物件损害侵权。案件中，如果物业公司做好公共设施的维修、养护与管理，那么悲剧也就不会发生。

当然，本案中最重要的一点是，业主刘女士没有做好看护义务，明知道家属行动不便，还让其独自下楼梯，才导致案件的发生。因此，在日常生活中对于行动不便的家人，同住家属应当履行看护义务，避免意外事故的发生。

处理技巧

（1）物业公司在日常的管理中，要加强小区公共设施的维修与养护，定期对公共设施进行检查，避免公共设施损坏给业主带来伤害。

（2）物业公司与业主发生侵权纠纷时，如果是物业公司的疏忽造成的，要承担起相应的侵权责任。

（3）在日常的管理中，要督促业主与物业管理人员，发现小区内的公共设施损坏要及时上报，同时物业公司也要及时派人进行维修，避免意外事故的发生。

电梯坠落致人死亡引发的纠纷

典型案例

2020 年 8 月的一天深夜，苏某回到龙港路某小区 5 号居民楼，搭乘电梯回家。谁料电梯刚运行到一半，就突然失控下坠，载着苏某一直坠落到电梯井井底，苏某当场昏迷，不省人事。2 小时后，苏某被人发现并送入医院进行抢救，由于出现了头痛发晕、呕吐鲜血的症状，医院诊断其为内脏出血，需要住院治疗，观察一段时间。

半个月后，由于病情加重，苏某不幸身亡。苏某的家属彭女士很伤心，认为是物业公司没有做好电梯管理服务，才导致该案件的发生，要求物业公司赔偿所有的损失，医疗费、精神损失费等共计 28.4 万元。在此期间，彭女士多次与物业公司交涉未果，于是起诉至人民法院。

庭审中，物业公司辩称苏某的死亡与电梯坠落无直接的因果关系，所以不同意承担相应的赔偿责任。法院遂委托市高院对苏某的死亡情况进行了鉴定，结论为苏某全身多发性软组织挫伤并出现内脏出血，最终才导致死亡。法院据此认为，苏某是在电梯坠落后出现上述伤情，两者之间存在因果关系，物业公司理应承担苏某由此造成的所有损失。

法院一审后，判决物业公司赔偿彭女士医疗费、精神损失费等损失共计 18.3 万元。

案例分析

首先，维护小区环境安全是物业公司的应尽义务。《民法典》第二百八十四条规定：“业主可以自行管理建筑物及其附属设施，也可以委托物业服务企业或者其他管理人管理。对建设单位聘请的物业服务企业或者其他管理人，业主有权依法更换。”第二百八十五条规定：“物业服务企业或者其他管理人根据业主的委托，依照本法第三编有关物业服务合同的规定管理建筑区划内的建筑物及其附属设施，接受业主的监督，并及时答复业主对物业服务情况提出的询问。”本案例中，物业公司由于物业管理不善，对电梯存在的安全隐患没有进行及时排除，才导致意外事故的发生，这明显是物业公司对自身义务的违反，没有做好公共设施的维修、养护与管理的义务。

其次，物业公司必须承担赔偿责任。根据《最高人民法院关于审理物业服务纠纷案件具体应用法律若干问题的解释》第三条规定：“物业服务企业不履行或者不完全履行物业服务合同约定的或者法律、法规规定以及相关行业规范确定的维修、养护、管理和维护义务，业主请求物业服务企业承担继续履行、采取补救措施或者赔偿损失等违约责任的，人民法院应予支持。”因此，案例中业主彭女士可以要求物业公司以赔偿损失的方式承担违约责任。

最后，物业公司的不作为是造成意外事故的必然。本案例中，物业公司没有派人做好夜间的巡视工作，安保工作不到位，不然苏某也不会在发生意外后 2 小时才被发现，错过了最佳的治疗时间，才导致最后死亡。如果物业公司做好安保工作，及时发现业主出现意外，及时送至医院治疗，也许悲剧就不会发生。

处理技巧

（1）物业公司要加强管理，在物业人员的安排上要合理分配，尽量保证小区内的安保人员充足，确保业主在物业公司管理范围内发生意外时，能够有人及时出现，进行帮助。

（2）物业公司要做好公共设施上的维修与养护，尤其是像电梯这种安全隐患较多的，平时要定期进行维修与养护，确保小区内的电梯能够正常运行，避免意外事故的发生。

（3）物业公司在电梯内要配备监控设备，如果电梯发生故障，业主也能够及时进行求救，物业人员也能通过监控录像及时发现，及时进行抢救。

小孩点燃小区内的香蕉水致人死伤引发的纠纷

典型案例

2019 年 5 月 7 日，聂女士 6 岁的儿子小俊和另外两个小朋友 10 岁的小浩、11 岁的小文一起玩，3 人在他们所居住的某花园小区的 6 栋楼后边的一块空地上玩耍，从该楼后一个堆放杂物的临时搭建的小房子里，孩子们发现房子里有几个放香蕉水的小铁桶。此时，同样居住在该花园小区的另一个孩子 9 岁的小豪，找到了他们一起玩耍，他们 4 个用木棒点燃香蕉水玩。结果，小豪将燃烧的木棒插入香蕉水小桶后发生爆炸，小俊由于离得近被严重烧伤。

事故发生后，聂女士赶快把小俊送到红十字会医院进行抢救治疗，治疗了 18 天，由于支付不起昂贵的医疗费继续治疗而被迫出院。

6 月 13 日，小俊因大面积烧伤致败血症，聂女士本来打算送孩子回老家继续治疗，但在回老家的途中孩子不幸死亡。

于是聂女士把该花园小区的物业公司和另外 3 个肇事孩子告上了法庭。

法院审理后认为：被告物业公司将易燃易爆物品香蕉水置于儿童容易获得的地方，对爆炸事故负重要责任。其不作为的行为和 4 名儿童玩香蕉水烧火引起爆炸，这两个方面应各占一半的责任。具体划分责任比例是：被告物业公司承担 45% 的责任；原告对小孩的死亡负 15% 的责任，由其自负；另一孩子小豪由于直接引起爆炸承担 25% 责任；其他两个男孩各承担 7.5% 的责任。由于 3 个孩子都是未成年，其赔偿责任由监护人承担。

法院作出一审判决，死亡孩子的父母共获得近 13 万元的赔偿金，其中包括精神赔偿金 8.5 万元；物业公司因不作为被判赔偿近 7 万元。

案例分析

《物业管理条例》第四十六条规定："物业服务企业应当协助做好物业管理区域内的安全防范工作。发生安全事故时，物业服务企业在采取应急措施的同时，应当及时向有关行政管理部门报告，协助做好救助工作。物业服务企业雇请保安人员的，应当遵守国家有关规定。保安人员在维护物业管理区域内的公共秩序时，应当履行职责，不得侵害公民的合法权益。"所以，物业公司应该做好管理范围内的安全防范工作，对于小区内的易燃易爆等危险物品应该进行排查，让业主或者装修人员勿将其放在公共场所，避免发生意外。案例中，就是因为物业公司管理上的疏忽，没有及时排查公共场所的危险物品——香蕉水，才导致小孩发现从而发生意外事故。

当然，本案例中小俊发生意外事故，聂女士作为其监护人也应该承担相应的责任，由于没有做好监护义务，才酿成意外事故的发生。

处理技巧

物业公司在管理上要组织保安人员对全小区进行清查工作，要求业主以及所有装修队不能将装饰材料或者易燃易爆等危险物品放置在公共地方，如发现公共区域有装修材料或者易燃易爆等危险物品的一律要求清走。

儿童攀爬小区草坪钢筋护栏受伤引发的纠纷

典型案例

2020 年 4 月 3 日，13 岁男孩程明放学回家后，在其居住小区的楼下与同学一起打网球时，因网球绳断开，使网球被打到楼上一层平台上。程明便攀登草坪边的 70 余厘米高的钢筋护栏拿网球，不慎脚下滑落，倒在了钢筋护栏的尖头上，尖头扎进其胸部，程明立即被送往医院治疗，经诊断为“右胸锐器心房贯通伤”。住院治疗后于 4 月 23 日出院。但不久又因心包积液、心肌损害、上呼吸道感染等症先后两次入院治疗，共计支付医院医疗费用 4.5 万余元。

程明的家人程先生多次与物业公司交涉，要求其赔偿损失，因为孩子是在小区内发生意外的，物业公司应该承担一定的责任。多次交涉未果，5 月 28 日程先生将小区物业公司告上法庭，要求物业公司赔偿医疗费、营养费、护理误工费、精神损失费等计 26.5 万元，并承担诉讼费用。

物业公司辩称：公司安装钢筋护栏的目的是保护栏内草坪，不允许业主进去践踏。业主的孩子攀登 70 余厘米的护栏拿网球时倒在护栏上被扎伤，该孩子已经 13 岁了，也应对自己的伤害负有一定责任，其家长作为监护人没有尽到监护义务，更应负主要责任，公司不应承担责任，不同意原告程先生的诉讼请求。

受理法院经现场勘察，查明事实，经审理后认为，原告程先生的孩子程明已年满 13 岁，虽为限制行为能力人，但其攀登 70 余厘米高处时应该预见到有一定危险性，故程明对自己被护栏尖处扎伤没有尽到监护职责，对造成的严重伤害后果应承担主要责任。物业公司作为小区物业管理服务的管理者，在住宅小区内为保护绿地安装钢筋护栏时，应考虑到业主特别是孩子的安全，而没有考虑到钢筋护栏 70 余厘米高，且留有 10 厘米尖头，埋下了安全隐患，对程明造成伤害事故也应负有一定责任。

综上所述，原告程先生及其孩子程明应承担伤害后果的主要责任，物业公司只承担极少的责任，最后法院做出判决：物业公司在判决生效后 10 天内给付原告程先生经济损失 1 万元。

案例分析

这是一起不该发生的人身伤害赔偿案件。之所以发生，主要原因有以下三个方面。

首先，物业公司在管理方面对安全问题考虑不周。本案例中，物业公司为小区内绿地草坪做钢筋护栏，目的是善意的，但钢筋护栏上端不应尖头，否则将给业主特别是未成年人人身安全埋下安全隐患。

其次，该钢筋护栏已安装很长一段时间，根据其高度，一般 3 ~ 4 岁的孩子攀登不上去，也不敢攀登，作为 13 岁的程明不但应该知道践踏绿地欠妥，更应该知道攀登 70 余厘米高尖头的钢筋护栏会有一定的危险性，但因其尚未成年，也许对攀登护栏尖端所带来的安全隐患预料不到。

最后，在安装上护栏后，程先生作为成年人及孩子的监护人，应根据安装的护栏情况及时告诫孩子不要攀登该护栏，平时应该对孩子进行安全教育，履行监护义务。如果及时对孩子进行安全教育，也许就不会发生人身伤害事故。依据《民法典》第一千一百八十八条规定：“无民事行为能力人、限制民事行为能力人造成他人损害的，由监护人承担侵权责任。监护人尽到监护职责的，可以减轻其侵权责任。”因此，本案例中，程先生需要为自己未尽到监护义务承担主要责任。

处理技巧

（1）物业公司要吸取教训，改善护栏装置，告诫小区业主及小孩不要任意攀登任何形式的护栏，同时在护栏醒目的地方放置警示牌，避免意外事故的发生。

（2）物业公司要增加小区内安保人员的巡视，看到有进行攀爬等危险行为的业主，及时制止并对其进行教育。

（3）对于已经发生意外的业主，物业公司应该上门表示歉意与慰问，做好与业主关系维护的工作。

车辆在小区内被划，到底由谁承担责任

典型案例

梁某居住在河北省保定某小区，该小区由一家在河北省注册的三级资质物业公司进行管理。梁某将私有轿车停放在物业公司指定的停车位上，并按时缴纳了停车管理费用。

2020 年 9 月 20 日，梁某发现其轿车在物业公司停车位前保险杆到后保险的左面被严重划伤，后轮胎被扎，随后梁某向物业公司反映情况，物业公司却一直没有答复梁某。2020 年 9 月 20 日，经梁某申请，区公证处对其轿车损伤情况进行了公证。梁某支付公证费 1 200 元。2020 年 10 月 10 日梁某又发现其车辆后面被人划伤，而且其中一个后视镜也损坏了，梁某将此情况告知物业公司。

2020 年 11 月 12 日，物业公司给原告出具一份证明，证明主要内容是：兹有梁某车辆免半年停车费，具体时间为 2020 年 11 月 5 日至 2021 年 5 月 5 日。

2020 年 12 月 29 日，梁某到汽车维修站对其轿车维修进行评估。汽车维修站给梁某出具的结算单为 8 500 元。后来，梁某多次找过物业公司协商赔偿未果，梁某将物业公司起诉至人民法院，请求判令被告物业公司赔偿私人轿车因两次深度划伤、轮胎损坏以及后视镜损坏费共计 10 300 元。

被告物业公司辩称：①业主梁某与物业公司之间没有财产保管关系，梁某的要求于法无据。②业主梁某的车辆，无权停放在小区。③业主梁某的车辆是他人损坏，物业公司不应承担赔偿责任。综上所述，物业公司认为，业主梁某的诉讼请求缺乏事实依据和法律依据。请求法院驳回业主梁某的诉讼请求。

原告梁某为证明其主张向法庭提供以下证据：证据一：小区便民联系卡，证明他是被告物业公司的管辖业主。证据二：缴纳停车费管理费的收据，证明物业公司有义务对他的汽车履行看管义务。证据三：两份公证书，证明事发现场，他的汽车两次被划伤、车胎被刀子刺破以及后视镜损坏的实际情况。证据四：物业公司免费停车证明，证明事发后，物业公司承认对此事负有责任，以免半年停车费作为补偿，而他对此决定表示不同意。证据五：本案公证费发票及汽车修理结算单，证明本案公证费 1 200 元，汽车修理费 8 500 元，加本案诉讼费 600 元，共计 10 300 元。

法院认为：原告梁某向其所在居住的被告物业公司缴纳车辆停车管理费，原、被告双方虽然没有签订书面保管合同，但原告梁某与被告物业公司事实形成了保管合同。由于被告物业公司未尽到保管义务，造成原告梁某所停放的轿车受损，被告物业公司应当承担全部责任。法院判决：被告物业公司赔偿原告梁某轿车损失费 8 500 元、轿车公证费 1 200 元、诉讼费 600 元，共计 10 300 元。

案例分析

本案例是一起物业管理区域内停车管理服务纠纷，本案争议焦点是业主按照《物业服务合同》约定缴纳停车费的情况下车辆在小区内被划，物业公司需要承担何种责任。由于在《物业服务合同》中就停车管理内容的约定或者单独的停车管理服务协议也没有明文规定，导致人们对于此类合同的性质认识不一。

对于物业公司在此类纠纷中应承担何种责任，历来争议颇多。责任类型大致包括以下几类：一是侵权责任，即物业公司因过失应承担的损害赔偿责任；二是违约责任，其中又包括停车管理合同引起的违约责任、物业服务合同引起的违约责任以及保管合同引起的违约责任三种。其实，不论是侵权责任还是违约责任，业主只能选择其一而请求，本案原告梁某主张追究物业公司的保管合同违约责任，物业公司认为与业主梁某之间没有财产保管关系，法院最终判决物业公司按照保管合同向业主承担违约责任。

本案中，还涉及保管合同。保管合同又称寄存合同、寄托合同，是保管人保管寄存人交付的保管物，并返还该物的合同，这也是《民法典》第八百八十八条的规定。保管物品的一方称为保管人，或者称为受寄人，其所保管的物品称为保管物，或者称为寄托物，交付物品保管的一方称为寄存人，或者称为寄托人。本案中，法院认为物业公司与业主梁某双方事实形成了保管合同。由于被告物业公司未尽到保管义务，造成原告梁某所停放的轿车受损，被告物业公司应当承担全部责任。

除此之外，本案中，业主梁某的车辆停放在物业公司指定的停车位上，每月向物业公司按时缴纳停车管理费用。梁某发现，其轿车在停车位上被严重划伤，有损害后果。物业公司作为物业管理公司，本身负有安全防范义务，此外提供停车服务时还应当通过加强巡查、看护履行应尽的义务，但因疏于防范导致业主损害发生，存在一定过错。因此，从侵权责任法角度看，物业公司需要承担业主的损害赔偿责任。

处理技巧

（1）物业公司要与业主签订委托服务合同，切勿签订保管合同。如果签订保管合同，保管期间因保管人保管不善造成保管物毁损、灭失的，物业公司要承担损害赔偿责任。签订委托服务合同的风险相对较低，物业公司只是接受业主的委托提供管理服务，如合同中未约定违约责任，则至多因过错承担一定的侵权责任。

（2）以特别约定的方式排除或限制民事责任。相关的法律法规并没有禁止当事人就民事责任以特别约定加以排除或限制。因此，在与业主签订《物业服务合同》或《停车管理服务合同》时可以约定："业主车辆发生被划、被盗时，物业公司仅有义务协助业主报案、提供相关证据，在被证明损坏、盗窃车辆是物业管理人员所为之前，物业公司不构成违约，亦不负任何赔偿责任"。

小区高空坠物砸坏车辆，是否由物业赔偿

典型案例

2020年5月29日，车主徐某将其小轿车停放于小区内的停车场，后发

现车被高空坠物砸坏车头盖板。徐某找到物业公司管理处的保安，保安称其为邻近正在施工的 16 栋楼坠落的瓷片所砸，并带徐某查看现场。现场为 16 栋楼外墙正在拆卸脚手架和防护网，不时有坠物降落，车旁有瓷片等建筑垃圾，车头盖板上有明显的锐物砸痕，车身上下布满灰尘。随后赶来的物业管理人员对现场进行了多角度拍照，并将瓷片包装好交给徐某。徐某修车后就修理费用与物业公司交涉未果，遂将物业公司告上法庭，要求物业公司赔偿其修车费 1 000 元。

徐某起诉的主要理由是，物业公司在进行 16 栋楼拆除脚手架和防护网工作时设置的遮盖物过小，不足以防止损害的发生，而且物业公司未对其所停车辆妥善看护，所以应承担相应的赔偿责任。

庭审中，物业公司辩称，徐某的损失应该找施工单位赔偿，作为管理单位，公司早就要求施工单位严格遵守相关施工规则，做好安全防范工作。徐某停车时清楚现场有建筑垃圾却还在该处停车，其意图值得揣测。对于徐某所说的停车场管理，他们公司在停车管理上并无过错，是徐某自己将车停在 16 栋楼楼下的。

法院审理后认为，物业公司在进行小区公共设施维修时，没有做好保护工作，物业公司应该对损害负民事责任。最后，法院判决物业公司赔偿原告徐某修车费 1 000 元。

案例分析

物业公司对小区共有部分负有保养、维护义务，对于可能对业主财产造成损害的共用部分的安全隐患，应当及时进行排除，否则导致业主财产损害后，物业公司应承担违约责任，对业主的损失进行赔偿。即便该安全隐患是第三人造成的，也不能免除物业公司的违约责任，因第三人侵权致小区共用部分对业主财产造成损害的，物业公司可以负责的情况是物业公司已履行了保养维护义务，而第三人侵权是不可预见、不可避免的。《民法典》第一千二百五十三条规定："建筑物、构筑物或者其他设施及其搁置物、悬挂物发生脱落、坠落造成他人损害，所有人、管理人或者使用人不能证明自己没有过错的，应当承担侵权责任。所有人、管理人或者使用人赔偿后，有其他责任人的，有权向其他责任人追偿。”所以，作为管理人的物业公司理应承担民事损害责任。

本案中，值得一提的是，物业公司对该事件的处理方式是非常恰当的。巡逻停车场的保安发现汽车被砸后，注意保护现场，随后赶来的物业管理人员也对现场及车损状况进行了拍照，把损害物和损害后果的证据固定下来。在法庭上，原告徐某和被告物业公司均无法否认这些照片证据，物业公司的这种处理方式，充分表明对业主的尊重。

处理技巧

（1）业主在物业管理范围内发生意外事故的，物业公司应该协助业主查明事件的真实过程，帮助业主找到应承担责任的人，才能彻底解决事件，避免物业纠纷。

（2）物业公司要全面加强证据意识。通过现场记录、拍照、无利害关系目击证人等方式固定证据，既有利于协助业主解决纠纷，又能分清楚自己需不需要承担责任、需要承担多大的责任等问题。

在小区内车辆丢失引发的纠纷

典型案例

2019 年 7 月 9 日，福建福州市某小区的陈先生下班回来后，像往常一样将车辆停放在小区的停车场。第二天，陈先生要开车去上班，发现停放的车辆已丢失。陈先生立即报案，当地公安局刑警支队于 2019 年 7 月 14 日发出协助通报，但至今未将失窃的车辆追回。

在此期间，陈先生多次与物业公司协商，认为物业公司收取了停车管理费用，就应该做好保管工作，如今车辆丢失，物业公司应该承担主要责任，负有赔偿责任。但是物业公司一直不给予回应。无奈之下，陈先生只好上诉至法院，让法院来解决这件事。

庭审后，法院认为：物业公司经营停车场，向业主陈先生收取一定的停车管理费用，为陈先生提供停车保管服务。因此，陈先生与物业公司之间属于保管合同关系。陈先生将车辆交由物业公司保管，就负有缴纳停车保管费的义务，并享有取回保持原状的车辆权利，物业公司收取陈先生的停车管理费用，其义务是妥善提供停车场地，且保管好车辆。但物业公司停车场的值班人员（保安）在有人开出涉案车辆时，在未检查有关取车手续的情况下就放行，这属于一种重大过失行为，才导致陈先生的车辆丢失。因此，物业公司应当承担相应赔偿责任。最终，法院判决物业公司赔偿陈先生 5.6 万元。

案例分析

一般来说，小区内发生停放的车辆被盗、被毁损或车内财物被盗等事件时，业主觉得是物业公司的责任。其实谁需要承担主要责任，需要具体情况具体分析。

首先，要明确业主在小区停放车辆与物业公司之间形成的法律关系。一般来说，《物业服务合同》既约定了物业公司的交通管理职责，如停车位的管理与养护、车辆进出的引导等，同时还会约定物业公司对小区安保服务的管理。所以，业主在停放车辆被盗、被毁损、车内财物被盗时往往会提出与物业管理服务之间存在保管关系，或是会提出物业公司的安保工作存在瑕疵。但就一般意义的《物业服务合同》而言，业主在小区内的车辆停放不是一种保管关系，而仅仅是物业管理服务中的停车管理关系。所以，物业公司大多不需要承担保管责任。

其次，物业公司承担的安保责任来说，如果其在履行安保工作中存在严重瑕疵，如安保人员值班期间脱岗、安保人员配备不足、监控失效缺乏有效切实可行的安保制度等，才导致业主的车辆丢失，那么应该承担相应的赔偿责任。本案中就是由于物业公司没有做好安保工作才导致业主陈先生的车辆丢失的。

最后，在此类事件发生时，物业公司是否应当承担赔偿责任，则应按照《物业服务合同》中有关机动车辆管理服务的约定来确定；如果业主或者业主委员会没有与物业公司签订机动车辆管理服务协议的，可以根据物业公司在《物业服务合同》约定中所承担的安全保障义务结合其过错程度以及物业费收取标准等因素来确定物业公司应当承担的赔偿责任。

处理技巧

物业公司要做好安保管理，多配备安保人员，加大小区内的巡视工作，同时对于小区内业主的车辆要做好登记，车辆进出小区要做好识别工作，如果不是业主本人驾驶的，值班的安保人员要及时制止，避免业主的财产损失。除此之外，物业公司要在小区的停车场配备监控设备，以便发生车辆意外事故，可以提供监控录像证据。

业主请来的装修人员要强行闯入引发的纠纷

典型案例

一天傍晚，湛江市某高档小区来了4位陌生人。4人手提工具，旁若无人一般径直朝大堂闸门闯去。

正在值班保安员立即走出值班室，开口问询：“先生，您好，请问上楼找哪位?”

其中一位说："我们是去 15 楼 D 座进行装修的。"值班保安员要求他们出示装修出入证。对方却敷衍说："装修已经搞完，只是来做下收尾工作。"

于是，值班保安员坚持让他们出示装修出入证或其他有效证件，并提示按照《房屋装修管理规定》，晚上 6 时后应该停止装修，请予合作和谅解。

这 4 人见值班保安员不放行，便破口大骂，说："我们是楼上住户请来的，如果不放行就强行冲上去。"

无奈之下，值班保安班只好请保安班长过来帮忙。经了解他们 4 人确实是来给业主装修的，保安班长也给业主打了电话确认情况，最终误会解决，保安也就放行，让他们进去了。

案例分析

进入小区装修的队伍中人员比较复杂，如何加强对其人员的有效管理，以确保业主的安全，是物业管理服务中安全管理的重要问题。物业公司对装修人员出入小区进行严格管理，有时候业主会认为很麻烦，不给予积极的支持，甚至消极的抵触；但是如果放松对装修人员出入小区的管理，业主们又会认为物业公司的安全管理松懈，管理服务意识差，容易给小区带来安全隐患。尤其是在业主入住装修期间，一旦出现盗窃案件，物业公司就处于被动状态，有可能还需要承担相应的责任。因此，物业公司对装修人员的管理不能松懈，要制定严格的规章制度，严格执行，严格管理，坚决杜绝一切安全隐患的出现。在本案例中，值班保安人员及时制止进入小区的装修人员的做法是正确的，虽然让装修人员很不理解，但是这样做可以有效避免一些不必要的麻烦。

物业公司在业主办理入住手续时，其办理程序中也有对业主装修管理的具体要求，而且也是进行这方面宣传的最佳时机，如果宣传工作做得及时到位，那么就能够得到业主的支持与理解，为后面的装修管理和安全管理打下好的基础，减少许多不必要的纠纷出现。

同时，在对装修人员的具体管理中，物业公司一定要注意方式与方法，不能简单粗暴，因为装修人员的素质良莠不齐，处理上稍有不慎，就可能激化彼此的矛盾，甚至发生治安事件，给物业公司的管理工作增加难度。在处理这种案件时也要发挥业主的作用，尽量能找到业主出面，因为装修人员是业主的雇工，对业主的话是一定要尊重的，那么物业公司的工作就会事半功倍了。

处理技巧

（1）出现类似于案例中的情况，物业管理人员要文明劝说装修人员，同时让巡逻保安员去邀请业主或者保安人员直接打电话向业主确认。

（2）物业公司在与业主签订合同的时候，要告知业主装修时应该做好登记，同时向物业公司领取外来装修人员的门禁卡，以确保其他业主的人身与财产安全。

（3）对于强行闯入的装修人员，物业公司可以进行警告，并告知其应该承担的责任。

第6章

物业工程设备维修岗位纠纷的沟通处理

小区内的各个角落分布着许许多多的设备，它们给业主们带来便利的同时也存在不安全因素，如下水道堵塞、设备漏水、设备温度过高引起燃烧等，这些都对业主的人身安全带来一定的威胁，会造成业主的财产损失。物业公司作为小区的管理者，应该做好小区内工程设备的维修与养护工作，避免业主的损失，为业主提供一个舒适安全的居住环境。如果因为设备问题引发纠纷，物业公司要谨慎处理，积极协商，妥善解决。

业主认为暖气温度不达标，拒绝缴纳物业费

典型案例

长春市南关区的张先生买了某花园小区的一套两室一厅的商品房，房子所属的小区是独立供暖的，入住后第一年的冬天，张先生发现，室内暖气的温度非常低，便找物业公司前来解决。

物业公司认为可能是暖气设备有问题，立即派人进行修理，可是维修后室温仍然不见上升。为此，张先生很气愤，于是就告诉物业公司，如果不解决暖气问题就不缴纳物业费。

2019 年 11 月 25 日，业主张先生收到了物业公司状告他拖欠物业费的一纸诉状。在法庭上，张先生认为，其拖欠物业费是因为物业公司未达到供暖标准而引起的，属于物业公司违约在先。按照供暖合同规定，供暖方应该按照供暖标准供暖，这包括提供暖气和供暖温度达到标准两个方面，只有这样才算履行了《物业服务合同》约定的供暖义务。所以，就算补缴物业费，也应扣除其中的采暖费。

法院认为，双方当事人签订的供暖协议属于《民法典》中规定的供用电、水、气、热力合同中的供用热力合同，依据《民法典》第六百五十一条规定："供电人应当按照国家规定的供电质量标准和约定安全供电。供电人未按照国家规定的供电质量标准和约定安全供电，造成用电人损失的，应当承担赔偿责任。"第六百五十六条规定："供用水、供用气、供用热力合同，参照适用供用电合同的有关规定。"双方当事人在供暖合同中已经对供暖方式、质量和时间等作出约定。因此，物业公司应履行供暖合同，包括按照合同约定的方式、质量和时间等提供供暖服务，否则就是违约，需要承担一定的违约责任。最终，法院判决业主张先生补缴拖欠的物业费，扣除其中的采暖费。

案例分析

在我国北方城市，每到冬季供暖则成为一个涉及民生的敏感问题。因供

暖温度不达标产生诸多矛盾。很多小区业主因家中供暖温度不达标而对物业公司有诸多抱怨，在物业公司催缴物业费时以此为由拒绝缴纳。其实，对于此类纠纷，需要分清楚《供热服务合同》与《物业服务合同》两种不同的法律关系，这两者主体及内容均不同。

在集中供暖方式下，供热公司与用户之间存在供热服务合同关系，供暖温度达标是《供热服务合同》的内容，基于供热服务合同关系，供热公司有义务在采暖季节提供符合标准的供热服务，如果供暖温度不达标，业主可以在供暖期内向市、区供暖办公室申请测量或鉴定供暖是否达标，由供暖办公室出具相应的证明材料确认供暖不达标的事实和期限，由供暖企业向用户承担责任。业主与物业公司之间是物业服务合同关系，《物业服务合同》的内容一般为房屋及共有设施的管理与维修养护服务、保洁服务、协助公共秩序维护服务、安保服务、绿化服务等，只要物业公司按照合同约定履行应尽的管理义务，业主就应当按照约定缴纳物业费。物业公司对供暖温度不达标并无责任，其自身也无条件或能力来改善供暖温度。所以，业主不能以此为由拒绝缴纳物业费。

处理技巧

（1）当业主反映暖气温度不达标，如果是供暖设备的问题，物业公司要及时派人进行维修，如果是总体供暖的问题，物业公司要协助业主解决问题，如寻找供暖公司等。

（2）业主拒绝缴纳物业费，物业公司要耐心进行协商，同时努力帮助业主解决问题，实在不行就应该减免采暖费以让业主缴纳物业费，避免上法庭，费时费力费钱。

（3）物业公司在处理与业主的纠纷时，态度以及处理方式一定要得当，避免与业主关系彻底闹僵。

因为房屋质量问题，业主拒绝缴纳物业费

典型案例

2020年8月，业主郭女士房屋墙面渗水，造成墙面大面积霉变，涂料脱落，打电话要求物业公司派人进行检查修缮，物业公司却没有给予明确的答复。郭女士自行修理房屋后，认为物业公司应该承担维修责任及费用，便拒绝缴纳小区的物业费。而物业公司则认为，房屋质量问题应找房地产开发商，为此，物业公司起诉要求业主郭女士立即缴纳拖欠的物业费。

一审法院根据查明的事实审理认为，物业公司有权按照《物业服务合同》约定及国家规定的相关收费标准向业主收取物业费，但也应当依法履行对物业共有部位的日常维修与管理的义务。针对业主房屋渗水的问题，物业公司未能及时履行相关的义务，也不能明确证明造成房屋渗水的原因是房屋质量问题。因此，驳回了物业公司的诉讼请求。

判决后，物业公司不服提起上诉，上诉理由是：公司承担的是小区的物业共有部位和共有设施设备的日常维护和管理。而业主郭女士房屋墙面霉变，不属于物业公司管理服务范围，房屋本身的质量问题应由业主向房地产开发商要求维修。而且公司收取的物业费除了维护服务费外，还有如小区卫生、小区安保、小区绿化等费用。即使本公司没有履行维护服务，业主郭女士也不能以房屋质量问题为由拒绝缴纳全部物业费。

二审后人民法院认为，业主郭女士没有证据证明房屋墙面大面积霉变、涂料脱落是由于房屋公共墙面的渗漏引起的。按照业主郭女士所在小区住宅使用公约的约定，物业公司对小区的房屋、环境、卫生、保安、公共设施、设备、公共秩序、绿化等进行统一管理，收取物业管理公共服务费用，物业费不仅指房屋维修服务一项内容的收费，还包含其他的费用。物业公司如果没有按《物业服务合同》约定履行维修与管理义务，郭女士也仅能就物业公司的违约责任另行诉讼，而不能以此为由拒绝缴纳全部物业费。最终，法院

判决业主郭女士补缴拖欠的物业费以及逾期付款利息。

案例分析

物业公司向业主催缴物业费时，很多业主会以房屋存在质量问题，如漏水、漏雨、墙壁裂缝、窗户破损、地面开裂、天花板脱落、透风、采光等作为拒绝缴纳物业费的理由。由于《前期物业管理招标投标管理暂行办法》实施之前，不要求建设单位必须以招投标方式选聘前期物业公司，建设单位会在内部成立物业管理部门，或者成立子公司专门从事前期物业管理服务。因此，虽然根据国家制定的《前期物业管理招标投标管理暂行办法》，已经不可能存在由建设单位内设部门承担前期物业管理服务的情况，但之前形成的物业公司与建设单位是同一家的固有认识，仍一时难以磨灭。另外，前期物业公司可能会因接受建设单位的委托，与业主办理交房或验收手续，从而使业主产生混淆，造成不少业主以房屋存在质量问题为由拒绝缴纳物业费。

从法律关系角度分析，业主与建设单位之间、业主与物业公司之间存在不同的法律关系，前者属于房屋买卖合同关系，后者属于物业服务合同关系。业主以房屋存在质量问题为由拒绝缴纳物业费，实际上是混淆了两种不同的法律关系。

业主与建设单位之间是房屋买卖合同关系，在房屋买卖合同履行中，可能会因逾期交房、房屋质量规划变更、车库、公共绿地、公共设施、公共用房所有权、房屋使用权及办理房屋产权证等问题产生纠纷。但房屋买卖合同法律关系的主体是业主与建设单位，业主可基于房屋买卖合同关系向建设单位主张权利。房屋质量的责任人是房屋的建设单位，目前国家对房屋的质量有明确的专项规定，要求建设单位建造的房屋质量必须达到国家标准才能取得验收备案，并规定建设单位一定期限的保修责任。因此，即使出现像案例中业主所说的，房屋确实存在质量问题，也应由建设单位来承担责任。除以上房屋质量问题外，业主在与建设单位履行房屋买卖合同过程中，还经常会出现建设单位违反合同约定的其他情况，由于分属不同的法律关系，业主以建设单位违反房屋买卖合同为由，拒绝向物业公司缴纳物业费，没有法律依据，法院不予支持。

物业公司与业主之间属于物业服务合同关系，双方依据《物业服务合同》约定的内容产生相应的权利和义务。如物业公司按照《物业服务合同》的约定提供了符合标准的物业管理服务，则业主就应该按照《物业服务合同》的约定按时缴纳物业费。房屋存在质量问题不属于《物业服务合同》约定的内容，也不属于物业公司的管理和服务范围，故物业公司不应对房屋质量问题承担义务。因此，业主以建设单位存在违约情况为由，拒绝向物业公司缴纳物业费的，应当不予支持。本案例中，业主郭女士不能以房屋质量问题为由拒绝缴纳物业费，想要追究责任应该去找建设单位（开发商），而不是物业公司。

处理技巧

（1）当业主反映房屋存在质量问题时，物业公司应该告知业主其中的责任关系，让业主去找责任人追究责任，而不是以此拒绝缴纳物业费。同时，要告知业主按照合同约定，如果不缴纳物业费应该承担的责任，让业主自行做决定，按时缴纳物业费。

（2）对待业主反映的问题，物业公司要积极地给予回复，即使不是物业公司管理范围内的，也要告知业主。

物业公司帮助业主疏通厨房下水道，业主拒付维修费

典型案例

2020年8月25日，杭州某小区2号楼6层一业主吴女士的厨房下水管堵塞，

打电话让物业公司派人过来维修疏通。

维修人员及时赶到现场。由于下水管堵塞严重，在 6 层疏通不开，又转到 5 层，从下水管检查孔反向往上清理和疏通。经过 3 个多小时的努力，管道终于疏通了。疏通中从下水管道内掏出很多的沙子、白灰和油漆块，证明厨房下水道堵塞是由该业主吴女士装修时造成的。

当维修人员维修好后，向吴女士收取 40 元的维修费用时，业主吴女士以维修未使用任何材料为由，拒绝支付 40 元的维修费，并振振有词地说："我才装修完刚入住，别的楼房都有一年保修期，我也应当住满一年后再交维修费。"

由于业主吴女士强烈表示不交 40 元的维修费，维修人员只好将这个情况反映到物业管理处。

物业公司的主管领导上门做工作。首先，征询业主吴女士对维修人员文明用语、工作态度、维修质量的意见，她都表示满意；然后又耐心地给吴女士解释入伙与入住、公用部位与自用部分的区别，依据有关法律法规的规定向其说明小区已入伙多年，早就不存在保修期，室内维修发生的包括人工费在内的所有费用，都要由业主自己承担，并在核对这次疏通下水管工作量的基础上，进一步声明收取 40 元的维修费，已给予了相当的优惠。

业主吴女士觉得主管说得有理有据、合情合理，很快消除了误解，愉快地支付了 40 元维修费。

案例分析

在日常生活中，业主不愿意支付维修费的情况屡见不鲜。业主认为物业公司作为小区的管理者，理应做好公共设施的维修工作，而下水道等也属于公共部分，这部分的维修不需要支付维修费。其实，面对这样的物业纠纷，要具体情况具体分析，需要明确造成公共部分损坏的责任人。

《物业服务收费管理办法》第二条规定："本办法所称物业服务收费，是指物业管理企业按照物业服务合同的约定，对房屋及配套的设施设备和相关场地进行维修、养护、管理，维护相关区域内的环境卫生和秩序，向业主所收取的费用。”本案例中，既然业主吴女士支付了相关的物业费，那么物业公司就应该按照《物业服务合同》约定，履行其对小区公共设施进行维修的责任和义务，不得找任何理由推脱。但是，在本案中，是由于业主吴女士装修不注意才导致厨房下水管堵塞的，这属于业主个人行为造成的后果，而且既然让物业公司的维修人员进行维修，就需要支付一定的维修费。

处理技巧

物业公司在处理类似的纠纷案件时，首先使业主从戒备、焦虑的心理状态中解脱出来，采用良好的沟通方式化解业主的对立情绪。在处理过程中，不要将注意力纠缠于谁对谁错，而是应当注重问题的有效处理和解决，让业主理解物业公司。

楼顶漏水，业主财产受损，要求物业公司赔偿

典型案例

南昌市某小区业主徐先生花费大量时间和金钱刚刚装修好的房子，被楼上业主漏水搞得厨房、卫生间、客厅部分屋顶浸泡起皮，之前的装修都白费了。于是找到楼上业主，要求给个说法。

但是楼上的业主却说：“我家一点也没有漏，是你自己房子的问题吧。”而且很不情愿配合检查问题。

对于楼上业主的态度，徐先生很不满，于是向物业公司投诉，要求进行处理并赔偿损失。

物业公司派工程人员进行检查，发现问题是由公共下水道堵塞引起的，于是与徐先生进行多次协调，现在下水道堵塞问题已经解决了。但徐先生心里还是不痛快，认为物业公司在装修管理上没有尽到责任，而且对于楼顶被水浸泡起皮也没有做相应的赔偿，对物业公司的服务非常不满意，为此，徐先生将物业公司告上法庭，要求其赔偿损失。

在庭审中，物业公司认为，下水道堵塞的问题已经解决了，业主徐先生的楼顶漏水问题也就解决了。公司已经尽到物业服务合同上约定的义务，至于由此导致的损失应该是楼上所有业主的责任，与公司无关，公司不承担赔偿责任。

庭审后，法院认为，业主徐先生楼顶漏水是由于公共下水道堵塞造成的，与楼上其他业主的过失存在一定的关系，楼上业主需要承担一定的责任；而物业公司已经做好了维修工作，而且该事件确实与物业公司无关，物业公司无须承担任何责任。最终，法院判决驳回徐先生的诉讼请求。

案例分析

楼顶漏水可能由两种原因引起：楼上业主过失导致楼顶漏水或者房屋质量不好导致楼顶漏水，但无论哪种原因引起都与物业公司无关，不涉及物业公司与业主的法律关系。

楼上业主过失导致楼顶漏水涉及业主之间基于侵权行为而产生的侵权法律关系，这种原因导致的损失，应该由楼上业主承担。

房屋质量不好导致楼顶漏水涉及业主与开发商之间基于房屋买卖合同而产生的合同法律关系，开发商交付的房屋存在瑕疵导致水管跑水致使业主遭受财产损失，开发商应当承担违约赔偿责任。

在本案中，物业公司只涉及对受损业主家内部的协助维护和修缮。但由于受损部分不属于公共设施与公共区域部分，该部分的管理服务不属于物业管理费所涵盖的服务范围，而属于特殊的物业管理服务，如需要物业进行维修，业主需对该部分维修另行支付费用，业主没有理由拒缴该维修费用。

当然，物业公司与业主均应当按照《物业服务合同》约定履行各自的义务。任何一方不得以对方没有履行义务为由，拒绝履行合同义务。尤其是物业公司，应该做好公共设备的维修与养护工作，避免业主的财产损失。对于业主而言，如果物业公司没有履行《物业服务合同》约定的义务，给自己造成人身、财产损失的，可以通过法律途径要求物业公司承担责任。如果损失是第三人侵权造成的，也可以要求侵权人承担侵权责任。

处理技巧

对于业主反映的情况，物业公司要及时查明原因，并协助业主进行解决。对于业主认为物业公司的责任问题，物业公司也要耐心向业主解释说明其中的责任问题，让业主寻找正确的责任人追究赔偿责任。

业主“一卫”改“两卫”，给邻居造成财产损失纠纷

典型案例

上海市某小区业主顾某在房屋的储藏室内擅自安装了电动抽水马桶、洗脸盆，改变废水立管的下水三通，将“一卫”改成“两卫”，导致楼下业主王某储藏室内的储柜及物品受损。业主王某向物业公司投诉顾某的侵权行为，物业公司两次向业主顾某发出整改通知，责令其拆除私装物，但顾某却一直没有整改。

于 2020 年 11 月 28 日，业主王某与物业公司一起起诉顾某。

经法院调查发现，顾某的行为属于侵权行为，对他人已经构成了财产损失，应该承担侵权责任。最终判决顾某在法院判决生效之日起 10 日内拆除电动抽

水马桶、洗脸盆，按房屋的原始结构图，将废水立管的下水管恢复原状。同时，赔偿王某财产损失 2 582 元。

案例分析

民事活动应当尊重社会公德，不得损害社会公共利益。

《民法典》第二百七十二条规定："业主对其建筑物专有部分享有占有、使用、收益和处分的权利。业主行使权利不得危及建筑物的安全，不得损害其他业主的合法权益。"因此，业主在进行室内装修或改造时不得侵害其他业主的合法权益。业主应该按照与建设单位购买的房屋构造进行使用与居住，不得擅自改变而影响其他业主的生活。

根据《住宅室内装饰装修管理办法》第五条的规定，住宅室内装饰装修活动，禁止将没有防水要求的房间或者阳台改为卫生间、厨房。因此，业主不得擅自将房间改为卫生间，本案例中，业主顾某擅自在自己房屋的储藏室内增加电动抽水马桶、洗脸盆，将原来的"一卫"改成"两卫"，改变了房屋的使用性质，使得楼下业主王某的房屋渗水，严重违反了相关规定，侵犯了楼下王某的合法权益，需要承担相应的民事责任。

处理技巧

（1）当业主擅自改变房屋的使用性能时，物业公司作为小区的管理者，要出面进行制止。如果业主执意不听劝告的，物业公司可以告知业主其行为已经触犯了法律，需要承担相应的责任，让其把改动的地方恢复原状。如果业主的行为已经侵犯其他业主的合法权益，应该让该业主承担赔偿责任。

（2）物业公司在与业主签订《物业服务合同》时，要明确告知业主不可随意改动房屋的使用性能，如果需要改动的，要提交相关的申请手续，并且经过物业公司与业主大会同意才可以改动。

（3）当业主之间产生纠纷，物业公司要及时出面协商，协助业主们解决纠纷。

供暖设施漏水，导致业主财产受损纠纷

典型案例

60岁的王奶奶家住沈阳市沈河区一栋老房子。2019年1月，王奶奶发现屋顶漏水了。由于家里的屋顶和墙面起皮，到阴雨天时墙体还长毛，这让王奶奶很不满。于是就让物业公司的人过来查看。

物业公司马上派人过来，经维修师傅查看，发现是楼上暖气过墙管漏水，才导致她家屋顶漏水的。

于是王奶奶找到楼上住户，让其把暖气管维修了，但每次都是不了了之。由于长期没有协商好，家里屋顶漏水的情况也越来越严重，王奶奶只好把楼上住户和供暖公司诉至法院索赔1 000元，并要求为她家刮白恢复墙面。

法院审理认为，本案漏水部位不属于规定中由用热户管理的“室内供热设施”，因此楼上住户不需要承担责任，由供热单位即被告供暖公司负责管理与维修。发生漏水造成原告王奶奶房屋装修受损，被告供暖公司应当予以修复，并判令被告供暖公司一次性赔偿原告王奶奶500元。

案例分析

业主家中的供暖设施属于房屋附属设施设备，其质量应由房屋的建设单位承担责任。如果因供暖设施质量问题，导致漏水，给业主造成财产损失，业主可要求建设单位承担赔偿责任。如果业主家中供暖设施不存在质量问题，而是由于业主自己使用不当所致，造成的损失应由业主自己承担。

实务中，业主家中供暖设施漏水后往往会找到物业公司，要求物业公司进行维修，其后又往往会以物业公司拒绝维修或维修不及时为由，拒绝缴纳物业费或者要求赔偿。其实，供热分户计量装置或者入户端口以内设施设备属于业主专有部分，由业主自行维护与管理，原则上不属于物业公司提供的物业管理服务范围之内，因此，业主不能以此为由要求物业公司赔偿。

但在一些《物业服务合同》中，对于业主家中供暖设施的维修、养护以及管理作出特殊约定，明确约定物业公司对业主家中的供暖设施承担维修、养护以及管理的责任。在存在该项约定的情况下，业主家中供暖设施的维修、养护以及管理属于物业公司提供物业管理服务的范围。物业公司应当对于小区业主家中供暖设施进行定期检测维护与管理。如果物业公司未履行该维护管理义务，造成供暖设施损坏，则属于物业管理服务存在瑕疵，应视瑕疵严重程度，考虑是否减免物业费或者赔偿损失。如果物业公司已经履行了相应的维护管理义务，供暖设施损坏是由于业主使用不当（如私自改造供暖设施）所导致，则不应减免物业费。在本案例中，可以看出物业公司与业主并没有约定，故业主王奶奶没有让物业公司做出赔偿，而是让楼上业主与供暖公司赔偿。由于漏水部分不属于楼上业主的专有部分，不需要承担责任，最后法院判处供暖公司承担责任。

处理技巧

（1）对于业主反映供暖设备有问题的，物业公司要及时派人进行查看与维修，避免业主财产损失。如果业主认为这是物业公司的责任，要求赔偿，物业公司应该明确是否在合同中有约定，如果有，则承担责任；如果没有，应该告知业主找供暖公司，并提供相应的联系方式与设备损坏的证明。

（2）物业公司在与业主签订《物业服务合同》时，要明确告知业主合同中的内容，让业主仔细阅读约定的每一项，可以有效地避免后期与业主产生不必要的纠纷。

（3）如果与业主产生纠纷，物业公司要耐心地与业主协商，细心地说明其中的责任与赔偿，避免与业主之间的关系僵化。

业主空调外机损坏引发的纠纷

典型案例

2021 年 5 月 4 日，郝女士在广州市天河区某花园小区买了一套两室一厅的房子，装修后一直没去住，空调也没开。

6 月 28 日小区物业公司通知郝女士说，她家空调外机着火烧毁了，过来处理一下。

郝女士对这件事觉得意外，她认为自己一直没有来房子内住过，也没有使用过空调，怎么会损坏了，这是物业管理人员失职造成的，要求物业公司赔偿损失。

可是，物业公司辩称，责任不在他们，不承担赔偿责任。

案例分析

对于这类纠纷要分清楚责任，首先要弄清楚空调外机着火的真正原因。

第一，如果是空调外机自身的质量问题而导致外机着火的，根据《消费者权益保护法》和《民法典》的相关规定，业主可以找购买空调的商场或生产空调的厂家进行维修或退换；如果空调外机着火给自己或他人造成损害，可以要求商场或厂家承担相应的赔偿责任。

第二，如果是外界原因造成空调外机着火的，除法定的不可抗力的情况外，小区的物业公司应当承担相应的责任。这里的不可抗力是指不可避免、不可克服、不可预见的突发事件，物业管理人员无法采取保护措施或者是已采取保护措施而无效果的情况。由于业主和物业公司签订《物业服务合同》，物业公司理应为业主提供完善的物业管理服务，保护业主的财产不受他人侵害，尤其是空调外机，它完全属于业主私有财产，但由于本身所具有的特殊性，促使它要放置在公共部分。所以，它必然是物业公司保护业主财产安全的重点。如果由于物业管理人员没有做好其工作职责，而使第三方对空调外机造成损害的话，物业公司就应该承担相应的赔偿责任。物业公司在赔偿业主损失后，可以向第三方行使追索权。因此，如果业主有确实的证据证明空调外机着火的原因是第三方人为的，并且小区的物业管理人员也没有尽到看管的义务，业主完全有权利要求物业公司承担损害赔偿责任。物业公司要是拒绝的话，业主可以向人民法院提起诉讼，维护自身的合法权益。

处理技巧

（1）物业公司要加强安保工作，让物业管理人员做好小区内的看管工作，保护业主的财产安全。如果发生类似于空调外机损坏的，物业管理人员要及时处理，将业主的损失降到最低。

（2）物业公司要加强物业管理人员的培训，让物业管理人员做好本职工作，坚持为业主服务的态度认真做好物业管理服务。

（3）如果由于物业管理人员的过失造成业主财产损失的，物业公司理应承担赔偿责任，不可推脱。

业主安装太阳能热水器引发的纠纷

典型案例

梅满嘉园的业主高先生与自己父母分住在小区内的两套房子。不久前，高先生和父母家各自购买了一套进口的新式太阳能热水器，该热水器和传统的家用热水器不同之处在于：不用安装到顶楼人家的屋顶，吸收热能的集热器装置可以直接垂直悬挂在自家的外墙，而且大小和普通空调外机差不多，角度可任意调节。由于这套太阳能热水器的价格不菲，单套费用就达到 2 万多元，为了避免不必要的邻里纠纷，高先生就把自己的安装意向和楼下邻居沟通，却遭到了拒绝。楼下邻居认为那些布满黑乎乎多晶硅片的集热器，不仅影响他家风水，而且也影响小区整体美观，进而强烈反对高先生安装太阳能热水器。于是，高先生将这件事告诉业主委员会，让业主委员会帮忙解决。

小区业主委员会专门针对该问题进行开会表决，13名参会人员中，有10人表示反对。当地社区居委会也曾参与调解，最终表示，以业主委员会表决结果为主，以不影响其他业主的利益为前提。业委会主任陈先生说："10比3的结果就是业主委员会的声音。大多数小区业主代表认为，该太阳能热水器不安全，不美观，影响小区外墙的整体美感。"

由于业主委员会的反对，物业公司坚决不允许高先生家安装太阳能热水器。

"当初购买比国产太阳能热水器贵得多的同类产品，就是考虑了安全、环保、美观等可能影响邻里关系的因素，没想到结果还是一样。这款太阳能热水器需要专门订购，没有质量问题不能退货，真是烦死了。"高先生叹气道。

令人意外的是，和高先生住同一个小区的父母家，已经安装并开始使用这款新式太阳能热水器，因为楼下邻居不反对，也没被强制拆掉。一样的新式太阳能热水器，在同一个小区内面临两种截然不同的命运。

案例分析

对于太阳能热水器能否安装的问题，应当视小区《业主公约》有无针对性约定。如果约定内容中没有具体明确外墙使用方面的规定，只是风水之说，即便是相邻纠纷，在法律上只要不确切影响到他人的采光、通风等现实利益，邻居的反对就站不住脚。

根据《民法典》的相关规定，外墙不属于某一业主专有，而归该楼所有业主共同拥有，任何人都无权主张自己享有多大的份额。所以，想要使用或者占有共有部分应该经过业主大会的同意。在本案例中，由于只有少数人同意，所以业主高先生无法安装太阳能热水器。

本案例中，因为安装太阳能热水器需要占用全体业主的共有部分；也算是侵犯了全体业主的公共权益；从这个角度来说，物业公司不允许安装太阳能热水器是合理的。

处理技巧

（1）物业公司要告知业主想要使用或占有小区全体业主共有部分应该提交申请表，详细说明具体情况与内容等。

（2）物业公司要加强物业管理人员的培训，让物业管理人员发现业主侵犯其他业主公共权益的时候要及时制止，避免其他业主的权益受损。

（3）物业公司面对业主间的纠纷问题时，要具体问题具体分析，做好中间调解工作。

业主在外墙私自开窗户引发的纠纷

典型案例

住在银都花园小区 7 号楼的业主张先生向物业公司反映："在四五天前，我们进出单元楼的时候，看到 4 层的一位住户用机器在外墙上打孔。随着轰隆隆的声音他们很快就打了不少孔，这些孔基本都穿破了墙体，看样子应该是要开扇窗户。但是这面墙毕竟是楼体的一部分，本来就没有规划做窗户。住在这栋楼的业主都很担心，如果强行开个窗户的话，会影响楼体安全。"

物业公司根据业主张先生反映的情况，立即与张先生一同来到 7 号楼查看具体的情况。物业管理人员看到 4 层的外墙上确实被打了很多圆孔。这些圆孔直径 10 厘米左右，分布在 4 层的一面墙上，而且在墙上组成一个长方形。据了解这面墙体所在的房屋里，已经很久没有人居住了。物业人员同张先生一同来到 4 层，透过半掩着的门可以看到，墙体内部也有一个同样大小的长方形凹面，房屋里还放了一些装修材料。

看到这些情况，物业管理人员立即联系该房子的业主马先生，通过询问了解到，马先生确实是要私开窗户，物业公司立即制止他的这种行为，同时责令马先生，尽快恢复破坏的墙体。

案例分析

外墙属于共有部分，这是国家相关法律法规所规定的。但是按照共有部分与专有部分的中心线说，并非全部的外墙属于共有部分，其内侧的 1/2 属于专有部分，外侧 1/2 属于共有部分。实际上，无论是按照整个外墙属于共有部分，还是 1/2 属于共有部分，结果都是一样的，就是建筑物的外立面属于建筑物全体业主的共有部分，而业主不得单独使用或占有外墙，不能在外墙设置任何物品或者加以任何利用。而且，在法律上也有明确规定，一般禁止对外墙擅自改变颜色、图案、改动等，业主也不得随意搭建、装置某种凸出设施设备，比如防盗窗、防晒棚、晾衣竿等，以影响整栋建筑物的美观。当然，也不是说对外墙的使用是绝对的，其实只要不影响整栋建筑物的外观，不违背相邻关系，妨害他人的合法权益，在特殊情况下，是可以允许使用的。

实践中经常出现业主在没有相关部门同意的情况下，擅自利用外墙。根据《住宅室内装饰装修管理办法》第六条规定，装修人从事住宅室内装饰装修活动，未经批准，不得改变住宅外立面，在非承重外墙上开门、窗。所以，在本案例中，业主马先生不得在外墙私自开窗户，否则就是侵犯其他业主的合法权益。

在本案例中，马先生作为小区的业主，应当遵守有关法律法规的规定及小区物业管理公约。业主擅自在外墙开窗户，严重损坏房屋的承重结构，影响大楼整体的美观，影响周边的环境。而物业公司根据物业管理条例及小区管理公约对马先生采取制止措施，维护了其他业主的合法权益，真正做好物业管理服务。

处理技巧

（1）对于业主私自在外墙上开窗户的行为，物业公司要及时制止，告知其行为需要承担的法律责任，让其将改动的地方恢复原状。

（2）物业公司在与业主签订合同时，要明确告知业主不可擅自利用小区的共有部分，不可侵犯他人的合法权益。

（3）对于此类纠纷，物业公司要加强管理，提升巡视频率，把问题消灭在萌芽状态。

专项维修资金使用纠纷

典型案例

受夏季台风影响，惠州市很多房屋出现屋顶损坏、漏雨严重的问题，影响了老百姓正常生活。楼顶屋面属于共有部位，且房屋已经过了质保期，对共有部位的维修可以申请使用住宅专项维修资金进行维修。住在惠城区某小区的业主孙女士与物业公司在申请住宅专项维修资金工作中产生分歧，孙女士要求物业公司办理相关手续，物业公司却说让孙女士自己办理。双方僵持不下，迟迟未能申请住宅专项维修资金，未能及时维修楼顶屋面。一到下雨天，楼顶屋面的损坏就越来越严重。

于是孙女士致电市人民调解中心进行咨询，并申请调解，希望物业公司能帮助办理申请住宅专项维修资金的相关手续，尽快维修楼顶屋面。调解员通过孙女士的诉说，又致电物业公司进行了充分沟通，对案情基本掌握清楚，试图让双方进行和平调解。同时，与市住建局协调抽取了住宅专项维修资金方面的负责同志，与市人民调解中心的调解员、助理调解员、法律专家成立了调解小组。

调解小组向双方当事人介绍了调解小组成员组成、物业纠纷的调解原则、途径、程序、相关法律等，认真听取并记录了双方当事人的陈述以及诉求。调解小组向双方当事人讲解了《住宅专项维修资金管理办法》以及专项维修资金使用的关键要点、注意事项等；从法律、邻里关系、社会责任等角度沟通、感化、拉进双方的距离；对双方提出的疑问认真回答，解疑释惑。

经过调解小组的普法教育、协调、说服，业主孙女士与物业公司签订了人民调解协议，业主孙女士承诺积极主动办理相关手续，主动与其他业主沟通，获得理解支持，并与物业公司做好工作配合。物业公司承诺共同与其他利益相关业主进行沟通，说服其他业主同意申请使用住宅专项维修资金，尽早办理住宅专项维修资金使用手续，尽早维修楼顶屋面。双方纠纷得以及时化解。

案例分析

由于城市住宅绝大多数属于群居类型，多以住宅小区的形式开发建设，各个业主专有部分之间必然存在墙体门厅、走廊、楼顶等共有部分，也必然存在各个业主共有的设施设备，在使用和维护这些共有部分和共有设施设备时必然会产生利益的交集和冲突。这些共有部分和共有设施设备的正常安全使用与维护，关系到全体业主的利益和社会公共利益。住宅专项维修资金制度关乎业主的人身安全、财产安全和社会公共利益。因此，相关的法律法规规定住宅小区业主交存一定资金，建立住宅专用维修资金，专门用于共有部位以及共有设施设备的维修、养护、改造以及更换。

根据《最高人民法院关于审理物业服务纠纷案件具体应用法律若干问题的解释》第三条规定："物业服务企业不履行或者不完全履行物业服务合同约定的或者法律、法规规定以及相关行业规范确定的维修、养护、管理和维护义务，业主请求物业服务企业承担继续履行、采取补救措施或者赔偿损失等违约责任的，人民法院应予支持。物业服务企业公开作出的服务承诺及制定的服务细则，应当认定为物业服务合同的组成部分。"因此，由于专项维修资金的使用发生纠纷，业主与物业公司可以自行协商解决。如果协商不成的，物业公司可以请求相关部门帮忙解决。

《物业管理条例》第五十三条规定："住宅物业、住宅小区内的非住宅物业或者与单幢住宅楼结构相连的非住宅物业的业主，应当按照国家有关规定缴纳专项维修资金。专项维修资金属于业主所有，专项用于物业保修期满后物业共用部位、共用设施设备的维修和更新、改造，不得挪作他用。专项维修资金收取、使用、管理的办法由国务院建设行政主管部门会同国务院财政部门制定。"根据该规定，住宅专项维修资金是指专项用于住宅共用部位、共用设施设备保修期满后的维修、更新和改造的资金。因此，本案例中业主孙女士的楼顶属于业主共有部分，能够使用专项维修资金，但是需要办理相关的申请手续，而且需要经过全体业主的同意后才可以使用。

处理技巧

（1）积极做好业主对维修资金使用的政策宣传，充分利用物业管理区域内的小广播、告示牌、板报、墙报等大力宣传和普及维修资金使用的政策法规，让业主了解专项维修资金的使用。

（2）物业公司要创新物业管理方式，提高专业化管理能力，坚持诚信、诚实、公正、公开的原则，不断强化内部管理，对物业管理范围内的共有部位和共有设施设备做到勤检查、勤保养，以勤俭节约和务实的工作作风赢得业主的信任，从而在维修资金的使用过程中才能充分发挥自己的作用。

（3）物业公司要加强小区内设施设备的检查、维护与管理。同时，根据《房屋共用部位、共用设施设备维修项目分类》标准，提前编制年度维修计划提交业主大会审议通过，做好维修资金年度使用计划和安排。

附录

与物业纠纷相关的法律法规

《中华人民共和国物业管理条例》（2018 年 4 月 4 日）

第一章 总则

第一条 为了规范物业管理活动，维护业主和物业服务企业的合法权益，改善人民群众的生活和工作环境，制定本条例。

第二条 本条例所称物业管理，是指业主通过选聘物业服务企业，由业主和物业服务企业按照物业服务合同约定，对房屋及配套的设施设备和相关场地进行维修、养护、管理，维护物业管理区域内的环境卫生和相关秩序的活动。

第三条 国家提倡业主通过公开、公平、公正的市场竞争机制选择物业服务企业。

第四条 国家鼓励采用新技术、新方法，依靠科技进步提高物业管理和服务水平。

第五条 国务院建设行政主管部门负责全国物业管理活动的监督管理工作。

县级以上地方人民政府房地产行政主管部门负责本行政区域内物业管理活动的监督管理工作。

第二章 业主大会

第六条 房屋的所有权人为业主。

业主在物业管理活动中，享有下列权利：

（一）按照物业服务合同的约定，接受物业服务企业提供的服务；

（二）提议召开业主大会会议，并就物业管理的有关事项提出建议；

（三）提出制定和修改管理规约、业主大会议事规则的建议；

（四）参加业主大会会议，行使投票权；

（五）选举业主委员会成员，并享有被选举权；

（六）监督业主委员会的工作；

（七）监督物业服务企业履行物业服务合同；

（八）对物业共用部位、共用设施设备和相关场地使用情况享有知情权和监督权；

（九）监督物业共用部位、共用设施设备专项维修资金（以下简称专项维修资金）的管理和使用；

（十）法律、法规规定的其他权利。

第七条 业主在物业管理活动中，履行下列义务：

（一）遵守管理规约、业主大会议事规则；

（二）遵守物业管理区域内物业共用部位和共用设施设备的使用、公共秩序和环境卫生的维护等方面的规章制度；

（三）执行业主大会的决定和业主大会授权业主委员会作出的决定；

（四）按照国家有关规定缴纳专项维修资金；

（五）按时缴纳物业服务费用；

（六）法律、法规规定的其他义务。

第八条 物业管理区域内全体业主组成业主大会。

业主大会应当代表和维护物业管理区域内全体业主在物业管理活动中的合法权益。

第九条 一个物业管理区域成立一个业主大会。

物业管理区域的划分应当考虑物业的共用设施设备、建筑物规模、社区建设等因素。具体办法由省、自治区、直辖市制定。

第十条 同一个物业管理区域内的业主，应当在物业所在地的区、县人民政府房地产行政主管部门或者街道办事处、乡镇人民政府的指导下成立业主大会，并选举产生业主委员会。但是，只有一个业主的，或者业主人数较少且经全体业主一致同意，决定不成立业主大会的，由业主共同履行业主大会、业主委员会职责。

第十一条　下列事项由业主共同决定：

（一）制定和修改业主大会议事规则；

（二）制定和修改管理规约；

（三）选举业主委员会或者更换业主委员会成员；

（四）选聘和解聘物业服务企业；

（五）筹集和使用专项维修资金；

（六）改建、重建建筑物及其附属设施；

（七）有关共有和共同管理权利的其他重大事项。

第十二条　业主大会会议可以采用集体讨论的形式，也可以采用书面征求意见的形式；但是，应当有物业管理区域内专有部分占建筑物总面积过半数的业主且占总人数过半数的业主参加。

业主可以委托代理人参加业主大会会议。

业主大会决定本条例第十一条第（五）项和第（六）项规定的事项，应当经专有部分占建筑物总面积 2/3 以上的业主且占总人数 2/3 以上的业主同意；决定本条例第十一条规定的其他事项，应当经专有部分占建筑物总面积过半数的业主且占总人数过半数的业主同意。

业主大会或者业主委员会的决定，对业主具有约束力。

业主大会或者业主委员会作出的决定侵害业主合法权益的，受侵害的业主可以请求人民法院予以撤销。

第十三条　业主大会会议分为定期会议和临时会议。

业主大会定期会议应当按照业主大会议事规则的规定召开。经 20% 以上的业主提议，业主委员会应当组织召开业主大会临时会议。

第十四条　召开业主大会会议，应当于会议召开 15 日以前通知全体业主。

住宅小区的业主大会会议，应当同时告知相关的居民委员会。

业主委员会应当做好业主大会会议记录。

第十五条　业主委员会执行业主大会的决定事项，履行下列职责：

（一）召集业主大会会议，报告物业管理的实施情况；

（二）代表业主与业主大会选聘的物业服务企业签订物业服务合同；

（三）及时了解业主、物业使用人的意见和建议，监督和协助物业服务企业履行物业服务合同；

（四）监督管理规约的实施；

（五）业主大会赋予的其他职责。

第十六条　业主委员会应当自选举产生之日起30日内，向物业所在地的区、县人民政府房地产行政主管部门和街道办事处、乡镇人民政府备案。

业主委员会委员应当由热心公益事业、责任心强、具有一定组织能力的业主担任。

业主委员会主任、副主任在业主委员会成员中推选产生。

第十七条　管理规约应当对有关物业的使用、维护、管理，业主的共同利益，业主应当履行的义务，违反管理规约应当承担的责任等事项依法作出约定。

管理规约应当尊重社会公德，不得违反法律、法规或者损害社会公共利益。

管理规约对全体业主具有约束力。

第十八条　业主大会议事规则应当就业主大会的议事方式、表决程序、业主委员会的组成和成员任期等事项作出约定。

第十九条　业主大会、业主委员会应当依法履行职责，不得作出与物业管理无关的决定，不得从事与物业管理无关的活动。

业主大会、业主委员会作出的决定违反法律、法规的，物业所在地的区、县人民政府房地产行政主管部门或者街道办事处、乡镇人民政府，应当责令限期改正或者撤销其决定，并通告全体业主。

第二十条　业主大会、业主委员会应当配合公安机关，与居民委员会相互协作，共同做好维护物业管理区域内的社会治安等相关工作。

在物业管理区域内，业主大会、业主委员会应当积极配合相关居民委员会依法履行自治管理职责，支持居民委员会开展工作，并接受其指导和监督。

住宅小区的业主大会、业主委员会作出的决定，应当告知相关的居民委员会，并认真听取居民委员会的建议。

第三章　前期

第二十一条　在业主、业主大会选聘物业服务企业之前，建设单位选聘物业服务企业的，应当签订书面的前期物业服务合同。

第二十二条　建设单位应当在销售物业之前，制定临时管理规约，对有关物业的使用、维护、管理，业主的共同利益，业主应当履行的义务，违反临时管理规约应当承担的责任等事项依法作出约定。

建设单位制定的临时管理规约，不得侵害物业买受人的合法权益。

第二十三条　建设单位应当在物业销售前将临时管理规约向物业买受人明示，并予以说明。

物业买受人在与建设单位签订物业买卖合同时，应当对遵守临时管理规约予以书面承诺。

第二十四条　国家提倡建设单位按照房地产开发与物业管理相分离的原则，通过招投标的方式选聘物业服务企业。

住宅物业的建设单位，应当通过招投标的方式选聘物业服务企业；投标人少于 3 个或者住宅规模较小的，经物业所在地的区、县人民政府房地产行政主管部门批准，可以采用协议方式选聘物业服务企业。

第二十五条　建设单位与物业买受人签订的买卖合同应当包含前期物业服务合同约定的内容。

第二十六条　前期物业服务合同可以约定期限；但是，期限未满、业主委员会与物业服务企业签订的物业服务合同生效的，前期物业服务合同终止。

第二十七条　业主依法享有的物业共用部位、共用设施设备的所有权或者使用权，建设单位不得擅自处分。

第二十八条 物业服务企业承接物业时，应当对物业共用部位、共用设施设备进行查验。

第二十九条 在办理物业承接验收手续时，建设单位应当向物业服务企业移交下列资料：

（一）竣工总平面图，单体建筑、结构、设备竣工图，配套设施、地下管网工程竣工图等竣工验收资料；

（二）设施设备的安装、使用和维护保养等技术资料；

（三）物业质量保修文件和物业使用说明文件；

（四）物业管理所必需的其他资料。

物业服务企业应当在前期物业服务合同终止时将上述资料移交给业主委员会。

第三十条 建设单位应当按照规定在物业管理区域内配置必要的物业管理用房。

第三十一条 建设单位应当按照国家规定的保修期限和保修范围，承担物业的保修责任。

第四章　服务

第三十二条 从事物业管理活动的企业应当具有独立的法人资格。

国务院建设行政主管部门应当会同有关部门建立守信联合激励和失信联合惩戒机制，加强行业诚信管理。

第三十三条 一个物业管理区域由一个物业服务企业实施物业管理。

第三十四条 业主委员会应当与业主大会选聘的物业服务企业订立书面的物业服务合同。

物业服务合同应当对物业管理事项、服务质量、服务费用、双方的权利义务、专项维修资金的管理与使用、物业管理用房、合同期限、违约责任等内容进行约定。

第三十五条 物业服务企业应当按照物业服务合同的约定，提供相应的服务。

物业服务企业未能履行物业服务合同的约定，导致业主人身、财产安全受到损害的，应当依法承担相应的法律责任。

第三十六条　物业服务企业承接物业时，应当与业主委员会办理物业验收手续。

业主委员会应当向物业服务企业移交本条例第二十九条第一款规定的资料。

第三十七条　物业管理用房的所有权依法属于业主。未经业主大会同意，物业服务企业不得改变物业管理用房的用途。

第三十八条　物业服务合同终止时，物业服务企业应当将物业管理用房和本条例第二十九条第一款规定的资料交还给业主委员会。

物业服务合同终止时，业主大会选聘了新的物业服务企业的，物业服务企业之间应当做好交接工作。

第三十九条　物业服务企业可以将物业管理区域内的专项服务业务委托给专业性服务企业，但不得将该区域内的全部物业管理一并委托给他人。

第四十条　物业服务收费应当遵循合理、公开以及费用与服务水平相适应的原则，区别不同物业的性质和特点，由业主和物业服务企业按照国务院价格主管部门会同国务院建设行政主管部门制定的物业服务收费办法，在物业服务合同中约定。

第四十一条　业主应当根据物业服务合同的约定缴纳物业服务费用。业主与物业使用人约定由物业使用人缴纳物业服务费用的，从其约定，业主负连带缴纳责任。

已竣工但尚未出售或者尚未交给物业买受人的物业，物业服务费用由建设单位缴纳。

第四十二条　县级以上人民政府价格主管部门会同同级房地产行政主管部门，应当加强对物业服务收费的监督。

第四十三条　物业服务企业可以根据业主的委托提供物业服务合同约定

以外的服务项目，服务报酬由双方约定。

第四十四条 物业管理区域内，供水、供电、供气、供热、通信、有线电视等单位应当向最终用户收取有关费用。

物业服务企业接受委托代收前款费用的，不得向业主收取手续费等额外费用。

第四十五条 对物业管理区域内违反有关治安、环保、物业装饰装修和使用等方面法律、法规规定的行为，物业服务企业应当制止，并及时向有关行政管理部门报告。

有关行政管理部门在接到物业服务企业的报告后，应当依法对违法行为予以制止或者依法处理。

第四十六条 物业服务企业应当协助做好物业管理区域内的安全防范工作。发生安全事故时，物业服务企业在采取应急措施的同时，应当及时向有关行政管理部门报告，协助做好救助工作。

物业服务企业雇请保安人员的，应当遵守国家有关规定。保安人员在维护物业管理区域内的公共秩序时，应当履行职责，不得侵害公民的合法权益。

第四十七条 物业使用人在物业管理活动中的权利义务由业主和物业使用人约定，但不得违反法律、法规和管理规约的有关规定。

物业使用人违反本条例和管理规约的规定，有关业主应当承担连带责任。

第四十八条 县级以上地方人民政府房地产行政主管部门应当及时处理业主、业主委员会、物业使用人和物业服务企业在物业管理活动中的投诉。

第五章 使用维护

第四十九条 物业管理区域内按照规划建设的公共建筑和共用设施，不得改变用途。

业主依法确需改变公共建筑和共用设施用途的，应当在依法办理有关手续后告知物业服务企业；物业服务企业确需改变公共建筑和共用设施用途的，应当提请业主大会讨论决定同意后，由业主依法办理有关手续。

第五十条　业主、物业服务企业不得擅自占用、挖掘物业管理区域内的道路、场地，损害业主的共同利益。

因维修物业或者公共利益，业主确需临时占用、挖掘道路、场地的，应当征得业主委员会和物业服务企业的同意；物业服务企业确需临时占用、挖掘道路、场地的，应当征得业主委员会的同意。

业主、物业服务企业应当将临时占用、挖掘的道路、场地，在约定期限内恢复原状。

第五十一条　供水、供电、供气、供热、通信、有线电视等单位，应当依法承担物业管理区域内相关管线和设施设备维修、养护的责任。

前款规定的单位因维修、养护等需要，临时占用、挖掘道路、场地的，应当及时恢复原状。

第五十二条　业主需要装饰装修房屋的，应当事先告知物业服务企业。

物业服务企业应当将房屋装饰装修中的禁止行为和注意事项告知业主。

第五十三条　住宅物业、住宅小区内的非住宅物业或者与单幢住宅楼结构相连的非住宅物业的业主，应当按照国家有关规定缴纳专项维修资金。

专项维修资金属于业主所有，专项用于物业保修期满后物业共用部位、共用设施设备的维修和更新、改造，不得挪作他用。

专项维修资金收取、使用、管理的办法由国务院建设行政主管部门会同国务院财政部门制定。

第五十四条　利用物业共用部位、共用设施设备进行经营的，应当在征得相关业主、业主大会、物业服务企业的同意后，按照规定办理有关手续。业主所得收益应当主要用于补充专项维修资金，也可以按照业主大会的决定使用。

第五十五条　物业存在安全隐患，危及公共利益及他人合法权益时，责任人应当及时维修养护，有关业主应当给予配合。

责任人不履行维修养护义务的，经业主大会同意，可以由物业服务企业维修养护，费用由责任人承担。

第六章 法律责任

第五十六条 违反本条例的规定，住宅物业的建设单位未通过招投标的方式选聘物业服务企业或者未经批准，擅自采用协议方式选聘物业服务企业的，县级以上地方人民政府房地产行政主管部门责令限期改正，给予警告，可以并处10万元以下的罚款。

第五十七条 违反本条例的规定，建设单位擅自处分属于业主的物业共用部位、共用设施设备的所有权或者使用权的，由县级以上地方人民政府房地产行政主管部门处5万元以上20万元以下的罚款；给业主造成损失的，依法承担赔偿责任。

第五十八条 违反本条例的规定，不移交有关资料的，由县级以上地方人民政府房地产行政主管部门责令限期改正；逾期仍不移交有关资料的，对建设单位、物业服务企业予以通报，处1万元以上10万元以下的罚款。

第五十九条 违反本条例的规定，物业服务企业将一个物业管理区域内的全部物业管理一并委托给他人的，由县级以上地方人民政府房地产行政主管部门责令限期改正，处委托合同价款30%以上50%以下的罚款。委托所得收益，用于物业管理区域内物业共用部位、共用设施设备的维修、养护，剩余部分按照业主大会的决定使用；给业主造成损失的，依法承担赔偿责任。

第六十条 违反本条例的规定，挪用专项维修资金的，由县级以上地方人民政府房地产行政主管部门追回挪用的专项维修资金，给予警告，没收违法所得，可以并处挪用数额2倍以下的罚款；构成犯罪的，依法追究直接负责的主管人员和其他直接责任人员的刑事责任。

第六十一条 违反本条例的规定，建设单位在物业管理区域内不按照规定配置必要的物业管理用房的，县级以上地方人民政府房地产行政主管部门责令限期改正，应给予警告，没收违法所得，并处10万元以上50万元以下的罚款。

第六十二条 违反本条例的规定，未经业主大会同意，物业服务企业擅自改变物业管理用房的用途的，应由县级以上地方人民政府房地产行政主管部门责令限期改正，给予警告，并处1万元以上10万元以下的罚款；有收益的，所得收益用于物业管理区域内物业共用部位、共用设施设备的维修、养护，剩余部分按照业主大会的决定使用。

第六十三条　违反本条例的规定，有下列行为之一的，由县级以上地方人民政府房地产行政主管部门责令限期改正，给予警告，并按照本条第二款的规定处以罚款；所得收益，用于物业管理区域内物业共用部位、共用设施设备的维修、养护，剩余部分按照业主大会的决定使用：

（一）擅自改变物业管理区域内按照规划建设的公共建筑和共用设施用途的；

（二）擅自占用、挖掘物业管理区域内道路、场地，损害业主共同利益的；

（三）擅自利用物业共用部位、共用设施设备进行经营的。

个人有前款规定行为之一的，处1 000元以上1万元以下的罚款；单位有前款规定行为之一的，处5万元以上20万元以下的罚款。

第六十四条　违反物业服务合同约定，业主逾期不缴纳物业服务费用的，业主委员会应当督促其限期缴纳；逾期仍不缴纳的，物业服务企业可以向人民法院起诉。

第六十五条　业主以业主大会或者业主委员会的名义，从事违反法律、法规的活动，构成犯罪的，依法追究刑事责任；尚不构成犯罪的，依法给予治安管理处罚。

第六十六条　违反本条例的规定，国务院建设行政主管部门、县级以上地方人民政府房地产行政主管部门或者其他有关行政管理部门的工作人员利用职务上的便利，收受他人财物或者其他好处，不依法履行监督管理职责，或者发现违法行为不予查处，构成犯罪的，依法追究刑事责任；尚不构成犯罪的，依法给予行政处分。

第七章　附则

第六十七条　本条例自2003年9月1日起施行。

《中华人民共和国民法典·第二编 物权》（2021年1月1日）

（2020年5月28日第十三届全国人民代表大会第三次会议通过）

第二编　物权

第一分编　通则

第一章　一般规定

第二百零五条　【物权编的调整范围】本编调整因物的归属和利用产生的民事关系。

第二百零六条　【社会主义基本经济制度与社会主义市场经济】国家坚持和完善公有制为主体、多种所有制经济共同发展，按劳分配为主体、多种分配方式并存，社会主义市场经济体制等社会主义基本经济制度。

国家巩固和发展公有制经济，鼓励、支持和引导非公有制经济的发展。

国家实行社会主义市场经济，保障一切市场主体的平等法律地位和发展权利。

第二百零七条　【物权平等保护原则】国家、集体、私人的物权和其他权利人的物权受法律平等保护，任何组织或者个人不得侵犯。

第二百零八条　【物权公示原则】不动产物权的设立、变更、转让和消灭，应当依照法律规定登记。动产物权的设立和转让，应当依照法律规定交付。

第二章　物权的设立、变更、转让和消灭

第一节　不动产登记

第二百零九条　【不动产物权登记的效力】不动产物权的设立、变更、转让和消灭，经依法登记，发生效力；未经登记，不发生效力，但是法律另有规定的除外。

依法属于国家所有的自然资源，所有权可以不登记。

第二百一十条　【不动产登记机构和不动产统一登记】不动产登记，由不动产所在地的登记机构办理。

国家对不动产实行统一登记制度。统一登记的范围、登记机构和登记办法，由法律、行政法规规定。

第二百一十一条　【不动产登记申请资料】当事人申请登记，应当根据不同登记事项提供权属证明和不动产界址、面积等必要材料。

第二百一十二条　【登记机构的职责】登记机构应当履行下列职责：

（一）查验申请人提供的权属证明和其他必要材料；

（二）就有关登记事项询问申请人；

（三）如实、及时登记有关事项；

（四）法律、行政法规规定的其他职责。

申请登记的不动产的有关情况需要进一步证明的，登记机构可以要求申请人补充材料，必要时可以实地查看。

第二百一十三条　【登记机构不得从事的行为】登记机构不得有下列行为：

（一）要求对不动产进行评估；

（二）以年检等名义进行重复登记；

（三）超出登记职责范围的其他行为。

第二百一十四条　【不动产物权变动的生效时间】不动产物权的设立、变更、转让和消灭，依照法律规定应当登记的，自记载于不动产登记簿时发生效力。

第二百一十五条　【合同效力与物权变动区分】当事人之间订立有关设立、变更、转让和消灭不动产物权的合同，除法律另有规定或者当事人另有约定外，自合同成立时生效；未办理物权登记的，不影响合同效力。

第二百一十六条　【不动产登记簿的效力和管理】不动产登记簿是物权归属和内容的根据。

不动产登记簿由登记机构管理。

第二百一十七条 【不动产登记簿与不动产权属证书的关系】不动产权属证书是权利人享有该不动产物权的证明。不动产权属证书记载的事项，应当与不动产登记簿一致；记载不一致的，除有证据证明不动产登记簿确有错误外，以不动产登记簿为准。

第二百一十八条 【不动产登记资料的查询、复制】权利人、利害关系人可以申请查询、复制不动产登记资料，登记机构应当提供。

第二百一十九条 【不动产登记资料的合理使用】利害关系人不得公开、非法使用权利人的不动产登记资料。

第二百二十条 【更正登记与异议登记】权利人、利害关系人认为不动产登记簿记载的事项错误的，可以申请更正登记。不动产登记簿记载的权利人书面同意更正或者有证据证明登记确有错误的，登记机构应当予以更正。

不动产登记簿记载的权利人不同意更正的，利害关系人可以申请异议登记。登记机构予以异议登记，申请人自异议登记之日起十五日内不提起诉讼的，异议登记失效。异议登记不当，造成权利人损害的，权利人可以向申请人请求损害赔偿。

第二百二十一条 【预告登记】当事人签订买卖房屋的协议或者签订其他不动产物权的协议，为保障将来实现物权，按照约定可以向登记机构申请预告登记。预告登记后，未经预告登记的权利人同意，处分该不动产的，不发生物权效力。

预告登记后，债权消灭或者自能够进行不动产登记之日起九十日内未申请登记的，预告登记失效。

第二百二十二条 【不动产登记错误的赔偿】当事人提供虚假材料申请登记，造成他人损害的，应当承担赔偿责任。

因登记错误，造成他人损害的，登记机构应当承担赔偿责任。登记机构赔偿后，可以向造成登记错误的人追偿。

第二百二十三条 【不动产登记的费用】不动产登记费按件收取，不得按照不动产的面积、体积或者价款的比例收取。

第二节　动产交付

第二百二十四条　【动产交付的效力】动产物权的设立和转让，自交付时发生效力，但是法律另有规定的除外。

第二百二十五条　【特殊动产登记的效力】船舶、航空器和机动车等的物权的设立、变更、转让和消灭，未经登记，不得对抗善意第三人。

第二百二十六条　【简易交付】动产物权设立和转让前，权利人已经占有该动产的，物权自民事法律行为生效时发生效力。

第二百二十七条　【指示交付】动产物权设立和转让前，第三人占有该动产的，负有交付义务的人可以通过转让请求第三人返还原物的权利代替交付。

第二百二十八条　【占有改定】动产物权转让时，当事人又约定由出让人继续占有该动产的，物权自该约定生效时发生效力。

第三节　其他规定

第二百二十九条　【法律文书或征收决定导致的物权变动】因人民法院、仲裁机构的法律文书或者人民政府的征收决定等，导致物权设立、变更、转让或者消灭的，自法律文书或者征收决定等生效时发生效力。

第二百三十条　【因继承取得物权】因继承取得物权的，自继承开始时发生效力。

第二百三十一条　【因事实行为发生物权变动】因合法建造、拆除房屋等事实行为设立或者消灭物权的，自事实行为成就时发生效力。

第二百三十二条　【处分非因民事法律行为享有的不动产物权】处分依照本节规定享有的不动产物权，依照法律规定需要办理登记的，未经登记，不发生物权效力。

第三章　物权的保护

第二百三十三条　【物权纠纷解决方式】物权受到侵害的，权利人可以通过和解、调解、仲裁、诉讼等途径解决。

第二百三十四条 【物权确认请求权】因物权的归属、内容发生争议的，利害关系人可以请求确认权利。

第二百三十五条 【返还原物请求权】无权占有不动产或者动产的，权利人可以请求返还原物。

第二百三十六条 【排除妨害请求权】妨害物权或者可能妨害物权的，权利人可以请求排除妨害或者消除危险。

第二百三十七条 【物权复原请求权】造成不动产或者动产毁损的，权利人可以依法请求修理、重作、更换或者恢复原状。

第二百三十八条 【物权损害赔偿请求权】侵害物权，造成权利人损害的，权利人可以依法请求损害赔偿，也可以依法请求承担其他民事责任。

第二百三十九条 【物权保护方式的单用与并用】本章规定的物权保护方式，可以单独适用，也可以根据权利被侵害的情形合并适用。

第二分编　所有权

第四章　一 般规定

第二百四十条 【所有权的定义】所有权人对自己的不动产或者动产，依法享有占有、使用、收益和处分的权利。

第二百四十一条 【所有权人设立他物权】所有权人有权在自己的不动产或者动产上设立用益物权和担保物权。用益物权人、担保物权人行使权利，不得损害所有权人的权益。

第二百四十二条 【国家专属所有权】法律规定专属于国家所有的不动产和动产，任何组织或者个人不能取得所有权。

第二百四十三条 【征收】为了公共利益的需要，依照法律规定的权限和程序可以征收集体所有的土地和组织、个人的房屋以及其他不动产。

征收集体所有的土地，应当依法及时足额支付土地补偿费、安置补助费以及农村村民住宅、其他地上附着物和青苗等的补偿费用，并安排被征地农民的社会保障费用，保障被征地农民的生活，维护被征地农民的合法权益。

征收组织、个人的房屋以及其他不动产，应当依法给予征收补偿，维护被征收人的合法权益；征收个人住宅的，还应当保障被征收人的居住条件。

任何组织或者个人不得贪污、挪用、私分、截留、拖欠征收补偿费等费用。

第二百四十四条　【耕地保护】国家对耕地实行特殊保护，严格限制农用地转为建设用地，控制建设用地总量。不得违反法律规定的权限和程序征收集体所有的土地。

第二百四十五条　【征用】因抢险救灾、疫情防控等紧急需要，依照法律规定的权限和程序可以征用组织、个人的不动产或者动产。被征用的不动产或者动产使用后，应当返还被征用人。组织、个人的不动产或者动产被征用或者征用后毁损、灭失的，应当给予补偿。

第五章　国家所有权和集体

第二百四十六条　【国有财产的范围、国家所有的性质和国家所有权的行使】法律规定属于国家所有的财产，属于国家所有即全民所有。

国有财产由国务院代表国家行使所有权。法律另有规定的，依照其规定。

第二百四十七条　【矿藏、水流、海域的国家所有权】矿藏、水流、海域属于国家所有。

第二百四十八条　【无居民海岛的国家所有权】无居民海岛属于国家所有，国务院代表国家行使无居民海岛所有权。

第二百四十九条　【国家所有土地的范围】城市的土地，属于国家所有。法律规定属于国家所有的农村和城市郊区的土地，属于国家所有。

第二百五十条　【自然资源的国家所有权】森林、山岭、草原、荒地、滩涂等自然资源，属于国家所有，但是法律规定属于集体所有的除外。

第二百五十一条　【野生动植物资源的国家所有权】法律规定属于国家所有的野生动植物资源，属于国家所有。

第二百五十二条　【无线电频谱资源的国家所有权】无线电频谱资源属于国家所有。

第二百五十三条 【文物的国家所有权】法律规定属于国家所有的文物，属于国家所有。

第二百五十四条 【国防资产和基础设施的国家所有权】国防资产属于国家所有。

铁路、公路、电力设施、电信设施和油气管道等基础设施，依照法律规定为国家所有的，属于国家所有。

第二百五十五条 【国家机关的物权】国家机关对其直接支配的不动产和动产，享有占有、使用以及依照法律和国务院的有关规定处分的权利。

第二百五十六条 【国家举办的事业单位的物权】国家举办的事业单位对其直接支配的不动产和动产，享有占有、使用以及依照法律和国务院的有关规定收益、处分的权利。

第二百五十七条 【国家出资的企业出资人制度】国家出资的企业，由国务院、地方人民政府依照法律、行政法规规定分别代表国家履行出资人职责，享有出资人权益。

第二百五十八条 【国有财产的保护】国家所有的财产受法律保护，禁止任何组织或者个人侵占、哄抢、私分、截留、破坏。

第二百五十九条 【国有财产管理的法律责任】履行国有财产管理、监督职责的机构及其工作人员，应当依法加强对国有财产的管理、监督，促进国有财产保值增值，防止国有财产损失；滥用职权，玩忽职守，造成国有财产损失的，应当依法承担法律责任。

违反国有财产管理规定，在企业改制、合并分立、关联交易等过程中，低价转让、合谋私分、擅自担保或者以其他方式造成国有财产损失的，应当依法承担法律责任。

第二百六十条 【集体财产的范围】集体所有的不动产和动产包括：

（一）法律规定属于集体所有的土地和森林、山岭、草原、荒地、滩涂；

（二）集体所有的建筑物、生产设施、农田水利设施；

（三）集体所有的教育、科学、文化、卫生、体育等设施；

（四）集体所有的其他不动产和动产。

第二百六十一条　【农民集体所有财产归属及重大事项集体决定】农民集体所有的不动产和动产，属于本集体成员集体所有。

下列事项应当依照法定程序经本集体成员决定：

（一）土地承包方案以及将土地发包给本集体以外的组织或者个人承包；

（二）个别土地承包经营权人之间承包地的调整；

（三）土地补偿费等费用的使用、分配办法；

（四）集体出资的企业的所有权变动等事项；

（五）法律规定的其他事项。

第二百六十二条　【集体所有的不动产所有权行使】对于集体所有的土地和森林、山岭、草原、荒地、滩涂等，依照下列规定行使所有权：

（一）属于村农民集体所有的，由村集体经济组织或者村民委员会依法代表集体行使所有权；

（二）分别属于村内两个以上农民集体所有的，由村内各该集体经济组织或者村民小组依法代表集体行使所有权；

（三）属于乡镇农民集体所有的，由乡镇集体经济组织代表集体行使所有权。

第二百六十三条　【城镇集体所有的财产权利行使】城镇集体所有的不动产和动产，依照法律、行政法规的规定由本集体享有占有、使用、收益和处分的权利。

第二百六十四条　【集体成员对集体财产的知情权】农村集体经济组织或者村民委员会、村民小组应当依照法律、行政法规以及章程、村规民约向本集体成员公布集体财产的状况。集体成员有权查阅、复制相关资料。

第二百六十五条　【集体所有财产保护及农村集体成员合法权益保护】集体所有的财产受法律保护，禁止任何组织或者个人侵占、哄抢、私分、破坏。

农村集体经济组织、村民委员会或者其负责人作出的决定侵害集体成员合法权益的，受侵害的集体成员可以请求人民法院予以撤销。

第二百六十六条 【私有财产的范围】私人对其合法的收入、房屋、生活用品、生产工具、原材料等不动产和动产享有所有权。

第二百六十七条 【私人合法财产的保护】私人的合法财产受法律保护，禁止任何组织或者个人侵占、哄抢、破坏。

第二百六十八条 【国家、集体和私人依法出资设立公司或其他企业】国家、集体和私人依法可以出资设立有限责任公司、股份有限公司或者其他企业。国家、集体和私人所有的不动产或者动产投到企业的，由出资人按照约定或者出资比例享有资产收益、重大决策以及选择经营管理者等权利并履行义务。

第二百六十九条 【法人财产权】营利法人对其不动产和动产依照法律、行政法规以及章程享有占有、使用、收益和处分的权利。

营利法人以外的法人，对其不动产和动产的权利，适用有关法律、行政法规以及章程的规定。

第二百七十条 【社会团体法人、捐助法人合法财产的保护】社会团体法人、捐助法人依法所有的不动产和动产，受法律保护。

第六章　业主的建筑物区分所有权

第二百七十一条 【建筑物区分所有权】业主对建筑物内的住宅、经营性用房等专有部分享有所有权，对专有部分以外的共有部分享有共有和共同管理的权利。

第二百七十二条 【业主对专有部分的权利和义务】业主对其建筑物专有部分享有占有、使用、收益和处分的权利。业主行使权利不得危及建筑物的安全，不得损害其他业主的合法权益。

第二百七十三条 【业主对共有部分的权利和义务】业主对建筑物专有部分以外的共有部分，享有权利，承担义务；不得以放弃权利为由不履行义务。

业主转让建筑物内的住宅、经营性用房，其对共有部分享有的共有和共同管理的权利一并转让。

第二百七十四条 【建筑区划内道路、绿地等的权利归属】建筑区划内的道路，属于业主共有，但是属于城镇公共道路的除外。建筑区划内的绿地，属于业主共有，但是属于城镇公共绿地或者明示属于个人的除外。建筑区划内的其他公共场所、公用设施和物业服务用房，属于业主共有。

第二百七十五条 【车位、车库的归属】建筑区划内，规划用于停放汽车的车位、车库的归属，由当事人通过出售、附赠或者出租等方式约定。

占用业主共有的道路或者其他场地用于停放汽车的车位，属于业主共有。

第二百七十六条 【车位、车库的首要用途】建筑区划内，规划用于停放汽车的车位、车库应当首先满足业主的需要。

第二百七十七条 【业主自治管理组织的设立及指导和协助】业主可以设立业主大会，选举业主委员会。业主大会、业主委员会成立的具体条件和程序，依照法律、法规的规定。

地方人民政府有关部门、居民委员会应当对设立业主大会和选举业主委员会给予指导和协助。

第二百七十八条 【业主共同决定事项及表决】下列事项由业主共同决定：

（一）制定和修改业主大会议事规则；

（二）制定和修改管理规约；

（三）选举业主委员会或者更换业主委员会成员；

（四）选聘和解聘物业服务企业或者其他管理人；

（五）使用建筑物及其附属设施的维修资金；

（六）筹集建筑物及其附属设施的维修资金；

（七）改建、重建建筑物及其附属设施；

（八）改变共有部分的用途或者利用共有部分从事经营活动；

（九）有关共有和共同管理权利的其他重大事项。

业主共同决定事项，应当由专有部分面积占比三分之二以上的业主且人数占比三分之二以上的业主参与表决。决定前款第六项至第八项规定的事项，应当经参与表决专有部分面积四分之三以上的业主且参与表决人数四分之三以上的业主同意。决定前款其他事项，应当经参与表决专有部分面积过半数的业主且参与表决人数过半数的业主同意。

第二百七十九条 【业主改变住宅用途的限制条件】业主不得违反法律、法规以及管理规约，将住宅改变为经营性用房。业主将住宅改变为经营性用房的，除遵守法律、法规以及管理规约外，应当经有利害关系的业主一致同意。

第二百八十条 【业主大会、业主委员会决定的效力】业主大会或者业主委员会的决定，对业主具有法律约束力。

业主大会或者业主委员会作出的决定侵害业主合法权益的，受侵害的业主可以请求人民法院予以撤销。

第二百八十一条 【建筑物及其附属设施维修资金的归属和处分】建筑物及其附属设施的维修资金，属于业主共有。经业主共同决定，可以用于电梯、屋顶、外墙、无障碍设施等共有部分的维修、更新和改造。建筑物及其附属设施的维修资金的筹集、使用情况应当定期公布。

紧急情况下需要维修建筑物及其附属设施的，业主大会或者业主委员会可以依法申请使用建筑物及其附属设施的维修资金。

第二百八十二条 【共有部分的收入分配】建设单位、物业服务企业或者其他管理人等利用业主的共有部分产生的收入，在扣除合理成本之后，属于业主共有。

第二百八十三条 【建筑物及其附属设施的费用分担和收益分配】建筑物及其附属设施的费用分摊、收益分配等事项，有约定的，按照约定；没有约定或者约定不明确的，按照业主专有部分面积所占比例确定。

第二百八十四条 【建筑物及其附属设施的管理主体】业主可以自行管理建筑物及其附属设施，也可以委托物业服务企业或者其他管理人管理。

对建设单位聘请的物业服务企业或者其他管理人，业主有权依法更换。

第二百八十五条 【业主和物业服务企业或其他管理人的关系】物业服务企业或者其他管理人根据业主的委托，依照本法第三编有关物业服务合同的规定管理建筑区划内的建筑物及其附属设施，接受业主的监督，并及时答复业主对物业服务情况提出的询问。

物业服务企业或者其他管理人应当执行政府依法实施的应急处置措施和其他管理措施，积极配合开展相关工作。

第二百八十六条　【业主的相关义务及责任】业主应当遵守法律、法规以及管理规约，相关行为应当符合节约资源、保护生态环境的要求。对于物业服务企业或者其他管理人执行政府依法实施的应急处置措施和其他管理措施，业主应当依法予以配合。

业主大会或者业主委员会，对任意弃置垃圾、排放污染物或者噪声、违反规定饲养动物、违章搭建、侵占通道、拒付物业费等损害他人合法权益的行为，有权依照法律、法规以及管理规约，请求行为人停止侵害、排除妨碍、消除危险、恢复原状、赔偿损失。

业主或者其他行为人拒不履行相关义务的，有关当事人可以向有关行政主管部门报告或者投诉，有关行政主管部门应当依法处理。

第二百八十七条　【业主合法权益的保护】业主对建设单位、物业服务企业或者其他管理人以及其他业主侵害自己合法权益的行为，有权请求其承担民事责任。

第七章　相邻关系

第二百八十八条　【处理相邻关系的原则】不动产的相邻权利人应当按照有利生产、方便生活、团结互助、公平合理的原则，正确处理相邻关系。

第二百八十九条　【处理相邻关系的法律依据】法律、法规对处理相邻关系有规定的，依照其规定；法律、法规没有规定的，可以按照当地习惯。

第二百九十条　【用水、排水相邻关系】不动产权利人应当为相邻权利人用水、排水提供必要的便利。

对自然流水的利用，应当在不动产的相邻权利人之间合理分配。对自然流水的排放，应当尊重自然流向。

第二百九十一条　【通行相邻关系】不动产权利人对相邻权利人因通行等

必须利用其土地的，应当提供必要的便利。

第二百九十二条 【相邻土地的利用】不动产权利人因建造、修缮建筑物以及铺设电线、电缆、水管、暖气和燃气管线等必须利用相邻土地、建筑物的，该土地、建筑物的权利人应当提供必要的便利。

第二百九十三条 【相邻通风、采光和日照】建造建筑物，不得违反国家有关工程建设标准，不得妨碍相邻建筑物的通风、采光和日照。

第二百九十四条 【相邻不动产之间不可量物侵害】不动产权利人不得违反国家规定弃置固体废物，排放大气污染物、水污染物、土壤污染物、噪声、光辐射、电磁辐射等有害物质。

第二百九十五条 【维护相邻不动产安全】不动产权利人挖掘土地、建造建筑物、铺设管线以及安装设备等，不得危及相邻不动产的安全。

第二百九十六条 【使用相邻不动产避免造成损害】不动产权利人因用水、排水、通行、铺设管线等利用相邻不动产的，应当尽量避免对相邻的不动产权利人造成损害。

第八章 共有

第二百九十七条 【共有及其类型】不动产或者动产可以由两个以上组织、个人共有。共有包括按份共有和共同共有。

第二百九十八条 【按份共有】按份共有人对共有的不动产或者动产按照其份额享有所有权。

第二百九十九条 【共同共有】共同共有人对共有的不动产或者动产共同享有所有权。

第三百条 【共有人对共有物的管理权】共有人按照约定管理共有的不动产或者动产；没有约定或者约定不明确的，各共有人都有管理的权利和义务。

第三百零一条 【共有物的处分、重大修缮和性质、用途变更】处分共有的不动产或者动产以及对共有的不动产或者动产作重大修缮、变更性质或者用途的，应当经占份额三分之二以上的按份共有人或者全体共同共有人同意，但是共有人之间另有约定的除外。

第三百零二条　【共有物管理费用的分担】共有人对共有物的管理费用以及其他负担，有约定的，按照其约定；没有约定或者约定不明确的，按份共有人按照其份额负担，共同共有人共同负担。

第三百零三条　【共有物的分割】共有人约定不得分割共有的不动产或者动产，以维持共有关系的，应当按照约定，但是共有人有重大理由需要分割的，可以请求分割；没有约定或者约定不明确的，按份共有人可以随时请求分割，共同共有人在共有的基础丧失或者有重大理由需要分割时可以请求分割。因分割造成其他共有人损害的，应当给予赔偿。

第三百零四条　【共有物的分割方式】共有人可以协商确定分割方式。达不成协议，共有的不动产或者动产可以分割且不会因分割减损价值的，应当对实物予以分割；难以分割或者因分割会减损价值的，应当对折价或者拍卖、变卖取得的价款予以分割。

共有人分割所得的不动产或者动产有瑕疵的，其他共有人应当分担损失。

第三百零五条　【按份共有人的份额处分权和其他共有人的优先购买权】按份共有人可以转让其享有的共有的不动产或者动产份额。其他共有人在同等条件下享有优先购买的权利。

第三百零六条　【优先购买权的实现方式】按份共有人转让其享有的共有的不动产或者动产份额的，应当将转让条件及时通知其他共有人。其他共有人应当在合理期限内行使优先购买权。

两个以上其他共有人主张行使优先购买权的，协商确定各自的购买比例；协商不成的，按照转让时各自的共有份额比例行使优先购买权。

第三百零七条　【因共同财产产生的债权债务关系的对外、对内效力】因共有的不动产或者动产产生的债权债务，在对外关系上，共有人享有连带债权、承担连带债务，但是法律另有规定或者第三人知道共有人不具有连带债权债务关系的除外；在共有人内部关系上，除共有人另有约定外，按份共有人按照份额享有债权、承担债务，共同共有人共同享有债权、承担债务。偿还债务超过自己应当承担份额的按份共有人，有权向其他共有人追偿。

第三百零八条 【按份共有的推定】共有人对共有的不动产或者动产没有约定为按份共有或者共同共有，或者约定不明确的，除共有人具有家庭关系等外，视为按份共有。

第三百零九条 【按份共有人份额的确定】按份共有人对共有的不动产或者动产享有的份额，没有约定或者约定不明确的，按照出资额确定；不能确定出资额的，视为等额享有。

第三百一十条 【用益物权、担保物权共有的参照适用】两个以上组织、个人共同享有用益物权、担保物权的，参照适用本章的有关规定。

第九章　所有权取得的特别规定

第三百一十一条 【善意取得】无处分权人将不动产或者动产转让给受让人的，所有权人有权追回；除法律另有规定外，符合下列情形的，受让人取得该不动产或者动产的所有权：

（一）受让人受让该不动产或者动产时是善意；

（二）以合理的价格转让；

（三）转让的不动产或者动产依照法律规定应当登记的已经登记，不需要登记的已经交付给受让人。

受让人依据前款规定取得不动产或者动产的所有权的，原所有权人有权向无处分权人请求损害赔偿。

当事人善意取得其他物权的，参照适用前两款规定。

第三百一十二条 【遗失物的善意取得】所有权人或者其他权利人有权追回遗失物。该遗失物通过转让被他人占有的，权利人有权向无处分权人请求损害赔偿，或者自知道或者应当知道受让人之日起二年内向受让人请求返还原物；但是，受让人通过拍卖或者向具有经营资格的经营者购得该遗失物的，权利人请求返还原物时应当支付受让人所付的费用。权利人向受让人支付所付费用后，有权向无处分权人追偿。

第三百一十三条 【善意取得的动产上原有权利的消灭】善意受让人取得动产后，该动产上的原有权利消灭。但是，善意受让人在受让时知道或者应当知道该权利的除外。

第三百一十四条 【拾得遗失物的返还】拾得遗失物，应当返还权利人。拾得人应当及时通知权利人领取，或者送交公安等有关部门。

第三百一十五条 【有关部门收到遗失物的处理】有关部门收到遗失物，知道权利人的，应当及时通知其领取；不知道的，应当及时发布招领公告。

第三百一十六条 【拾得人及有关部门妥善保管遗失物义务】拾得人在遗失物送交有关部门前，有关部门在遗失物被领取前，应当妥善保管遗失物。因故意或者重大过失致使遗失物毁损、灭失的，应当承担民事责任。

第三百一十七条 【权利人在领取遗失物时应尽义务】权利人领取遗失物时，应当向拾得人或者有关部门支付保管遗失物等支出的必要费用。

权利人悬赏寻找遗失物的，领取遗失物时应当按照承诺履行义务。

拾得人侵占遗失物的，无权请求保管遗失物等支出的费用，也无权请求权利人按照承诺履行义务。

第三百一十八条 【公告期满无人认领的遗失物归属】遗失物自发布招领公告之日起一年内无人认领的，归国家所有。

第三百一十九条 【拾得漂流物、发现埋藏物或隐藏物】拾得漂流物、发现埋藏物或者隐藏物的，参照适用拾得遗失物的有关规定。法律另有规定的，依照其规定。

第三百二十条 【从物所有权的转移】主物转让的，从物随主物转让，但是当事人另有约定的除外。

第三百二十一条 【天然孳息和法定孳息的归属】天然孳息，由所有权人取得；既有所有权人又有用益物权人的，由用益物权人取得。当事人另有约定的，按照其约定。

法定孳息，当事人有约定的，按照约定取得；没有约定或者约定不明确的，按照交易习惯取得。

第三百二十二条 【添附取得物的归属】因加工、附合、混合而产生的物的归属，有约定的，按照约定；没有约定或者约定不明确的，依照法律规定；法律没有规定的，按照充分发挥物的效用以及保护无过错当事人的原则确定。因一方当事人的过错或者确定物的归属造成另一方当事人损害的，应当给予赔偿或者补偿。

第三分编 用益物权

第十章 一般规定

第三百二十三条 【用益物权的定义】用益物权人对他人所有的不动产或者动产，依法享有占有、使用和收益的权利。

第三百二十四条 【国有和集体所有自然资源的用益物权】国家所有或者国家所有由集体使用以及法律规定属于集体所有的自然资源，组织、个人依法可以占有、使用和收益。

第三百二十五条 【自然资源使用制度】国家实行自然资源有偿使用制度，但是法律另有规定的除外。

第三百二十六条 【用益物权人权利的行使】用益物权人行使权利，应当遵守法律有关保护和合理开发利用资源、保护生态环境的规定。所有权人不得干涉用益物权人行使权利。

第三百二十七条 【用益物权人因征收、征用有权获得补偿】因不动产或者动产被征收、征用致使用益物权消灭或者影响用益物权行使的，用益物权人有权依据本法第二百四十三条、第二百四十五条的规定获得相应补偿。

第三百二十八条 【海域使用权的法律保护】依法取得的海域使用权受法律保护。

第三百二十九条 【合法探矿权等权利的法律保护】依法取得的探矿权、采矿权、取水权和使用水域、滩涂从事养殖、捕捞的权利受法律保护。

第十一章 土地承包经营权

第三百三十条 【双层经营体制与土地承包经营制度】农村集体经济组织

实行家庭承包经营为基础、统分结合的双层经营体制。

农民集体所有和国家所有由农民集体使用的耕地、林地、草地以及其他用于农业的土地，依法实行土地承包经营制度。

第三百三十一条　【土地承包经营权的定义】土地承包经营权人依法对其承包经营的耕地、林地、草地等享有占有、使用和收益的权利，有权从事种植业、林业、畜牧业等农业生产。

第三百三十二条　【土地承包期】耕地的承包期为三十年。草地的承包期为三十年至五十年。林地的承包期为三十年至七十年。

前款规定的承包期限届满，由土地承包经营权人依照农村土地承包的法律规定继续承包。

第三百三十三条　【土地承包经营权的设立和登记】土地承包经营权自土地承包经营权合同生效时设立。

登记机构应当向土地承包经营权人发放土地承包经营权证、林权证等证书，并登记造册，确认土地承包经营权。

第三百三十四条　【土地承包经营权的互换、转让】土地承包经营权人依照法律规定，有权将土地承包经营权互换、转让。未经依法批准，不得将承包地用于非农建设。

第三百三十五条　【土地承包经营权互换、转让的登记】土地承包经营权互换、转让的，当事人可以向登记机构申请登记；未经登记，不得对抗善意第三人。

第三百三十六条　【承包地的调整】承包期内发包人不得调整承包地。

因自然灾害严重毁损承包地等特殊情形，需要适当调整承包的耕地和草地的，应当依照农村土地承包的法律规定办理。

第三百三十七条　【承包地的收回】承包期内发包人不得收回承包地。法律另有规定的，依照其规定。

第三百三十八条　【承包地的征收补偿】承包地被征收的，土地承包经营权人有权依据本法第二百四十三条的规定获得相应补偿。

第三百三十九条 【土地经营权的流转】土地承包经营权人可以自主决定依法采取出租、入股或者其他方式向他人流转土地经营权。

第三百四十条 【土地经营权的定义】土地经营权人有权在合同约定的期限内占有农村土地，自主开展农业生产经营并取得收益。

第三百四十一条 【土地经营权的设立及登记】流转期限为五年以上的土地经营权，自流转合同生效时设立。当事人可以向登记机构申请土地经营权登记；未经登记，不得对抗善意第三人。

第三百四十二条 【其他方式承包的土地经营权流转】通过招标、拍卖、公开协商等方式承包农村土地，经依法登记取得权属证书的，可以依法采取出租、入股、抵押或者其他方式流转土地经营权。

第三百四十三条 【国有农用地实行承包经营的参照适用】国家所有的农用地实行承包经营的，参照适用本编的有关规定。

第十二章　建设用地使用权

第三百四十四条 【建设用地使用权的定义】建设用地使用权人依法对国家所有的土地享有占有、使用和收益的权利，有权利用该土地建造建筑物、构筑物及其附属设施。

第三百四十五条 【建设用地使用权的分层设立】建设用地使用权可以在土地的地表、地上或者地下分别设立。

第三百四十六条 【建设用地使用权的设立原则】设立建设用地使用权，应当符合节约资源、保护生态环境的要求，遵守法律、行政法规关于土地用途的规定，不得损害已经设立的用益物权。

第三百四十七条 【建设用地使用权的设立方式】设立建设用地使用权，可以采取出让或者划拨等方式。

工业、商业、旅游、娱乐和商品住宅等经营性用地以及同一土地有两个以上意向用地者的，应当采取招标、拍卖等公开竞价的方式出让。

严格限制以划拨方式设立建设用地使用权。

第三百四十八条　【建设用地使用权出让合同】通过招标、拍卖、协议等出让方式设立建设用地使用权的，当事人应当采用书面形式订立建设用地使用权出让合同。

建设用地使用权出让合同一般包括下列条款：

（一）当事人的名称和住所；

（二）土地界址、面积等；

（三）建筑物、构筑物及其附属设施占用的空间；

（四）土地用途、规划条件；

（五）建设用地使用权期限；

（六）出让金等费用及其支付方式；

（七）解决争议的方法。

第三百四十九条　【建设用地使用权的登记】设立建设用地使用权的，应当向登记机构申请建设用地使用权登记。建设用地使用权自登记时设立。登记机构应当向建设用地使用权人发放权属证书。

第三百五十条　【土地用途管制制度】建设用地使用权人应当合理利用土地，不得改变土地用途；需要改变土地用途的，应当依法经有关行政主管部门批准。

第三百五十一条　【建设用地使用权人支付出让金等费用的义务】建设用地使用权人应当依照法律规定以及合同约定支付出让金等费用。

第三百五十二条　【建设用地使用权人建造的建筑物等设施的权属】建设用地使用权人建造的建筑物、构筑物及其附属设施的所有权属于建设用地使用权人，但是有相反证据证明的除外。

第三百五十三条　【建设用地使用权的流转方式】建设用地使用权人有权将建设用地使用权转让、互换、出资、赠与或者抵押，但是法律另有规定的除外。

第三百五十四条　【处分建设用地使用权的合同形式和期限】建设用地使用权转让、互换、出资、赠与或者抵押的，当事人应当采用书面形式订立相应的合同。使用期限由当事人约定，但是不得超过建设用地使用权的剩余期限。

第三百五十五条 【建设用地使用权流转后变更登记】建设用地使用权转让、互换、出资或者赠与的，应当向登记机构申请变更登记。

第三百五十六条 【建筑物等设施随建设用地使用权的流转而一并处分】建设用地使用权转让、互换、出资或者赠与的，附着于该土地上的建筑物、构筑物及其附属设施一并处分。

第三百五十七条 【建设用地使用权随建筑物等设施的流转而一并处分】建筑物、构筑物及其附属设施转让、互换、出资或者赠与的，该建筑物、构筑物及其附属设施占用范围内的建设用地使用权一并处分。

第三百五十八条 【建设用地使用权提前收回及其补偿】建设用地使用权期限届满前，因公共利益需要提前收回该土地的，应当依据本法第二百四十三条的规定对该土地上的房屋以及其他不动产给予补偿，并退还相应的出让金。

第三百五十九条 【建设用地使用权的续期】住宅建设用地使用权期限届满的，自动续期。续期费用的缴纳或者减免，依照法律、行政法规的规定办理。

非住宅建设用地使用权期限届满后的续期，依照法律规定办理。该土地上的房屋以及其他不动产的归属，有约定的，按照约定；没有约定或者约定不明确的，依照法律、行政法规的规定办理。

第三百六十条 【建设用地使用权注销登记】建设用地使用权消灭的，出让人应当及时办理注销登记。登记机构应当收回权属证书。

第三百六十一条 【集体所有土地作为建设用地的法律适用】集体所有的土地作为建设用地的，应当依照土地管理的法律规定办理。

第十三章　宅基地使用权

第三百六十二条 【宅基地使用权的定义】宅基地使用权人依法对集体所有的土地享有占有和使用的权利，有权依法利用该土地建造住宅及其附属设施。

第三百六十三条 【宅基地使用权取得、行使和转让的法律适用】宅基地使用权的取得、行使和转让，适用土地管理的法律和国家有关规定。

第三百六十四条 【宅基地的灭失和重新分配】宅基地因自然灾害等原因灭失的，宅基地使用权消灭。对失去宅基地的村民，应当依法重新分配宅基地。

第三百六十五条 【宅基地使用权变更和注销登记】已经登记的宅基地使用权转让或者消灭的，应当及时办理变更登记或者注销登记。

第十四章 居住权

第三百六十六条 【居住权的定义】居住权人有权按照合同约定，对他人的住宅享有占有、使用的用益物权，以满足生活居住的需要。

第三百六十七条 【居住权合同】设立居住权，当事人应当采用书面形式订立居住权合同。

居住权合同一般包括下列条款：

（一）当事人的姓名或者名称和住所；

（二）住宅的位置；

（三）居住的条件和要求；

（四）居住权期限；

（五）解决争议的方法。

第三百六十八条 【居住权的设立】居住权无偿设立，但是当事人另有约定的除外。设立居住权的，应当向登记机构申请居住权登记。居住权自登记时设立。

第三百六十九条 【居住权的转让、继承和设立居住权的住宅出租】居住权不得转让、继承。设立居住权的住宅不得出租，但是当事人另有约定的除外。

第三百七十条 【居住权的消灭】居住权期限届满或者居住权人死亡的，居住权消灭。居住权消灭的，应当及时办理注销登记。

第三百七十一条 【以遗嘱方式设立居住权的参照适用】以遗嘱方式设立居住权的，参照适用本章的有关规定。

第十五章　地役权

第三百七十二条 【地役权的定义】地役权人有权按照合同约定，利用他人的不动产，以提高自己的不动产的效益。

前款所称他人的不动产为供役地，自己的不动产为需役地。

第三百七十三条 【地役权合同】设立地役权，当事人应当采用书面形式订立地役权合同。

地役权合同一般包括下列条款：

（一）当事人的姓名或者名称和住所；

（二）供役地和需役地的位置；

（三）利用目的和方法；

（四）地役权期限；

（五）费用及其支付方式；

（六）解决争议的方法。

第三百七十四条 【地役权的设立与登记】地役权自地役权合同生效时设立。当事人要求登记的，可以向登记机构申请地役权登记；未经登记，不得对抗善意第三人。

第三百七十五条 【供役地权利人的义务】供役地权利人应当按照合同约定，允许地役权人利用其不动产，不得妨害地役权人行使权利。

第三百七十六条 【地役权人的义务】地役权人应当按照合同约定的利用目的和方法利用供役地，尽量减少对供役地权利人物权的限制。

第三百七十七条 【地役权期限】地役权期限由当事人约定；但是，不得超过土地承包经营权、建设用地使用权等用益物权的剩余期限。

第三百七十八条 【地役权的承继】土地所有权人享有地役权或者负担地役权的，设立土地承包经营权、宅基地使用权等用益物权时，该用益物权人继续享有或者负担已经设立的地役权。

第三百七十九条 【在先用益物权对地役权的限制】土地上已经设立土地承包经营权、建设用地使用权、宅基地使用权等用益物权的，未经用益物权人同意，土地所有权人不得设立地役权。

第三百八十条 【地役权的转让】地役权不得单独转让。土地承包经营权、建设用地使用权等转让的，地役权一并转让，但是合同另有约定的除外。

第三百八十一条 【地役权的抵押】地役权不得单独抵押。土地经营权、建设用地使用权等抵押的，在实现抵押权时，地役权一并转让。

第三百八十二条 【地役权对需役地及其上权利的不可分性】需役地以及需役地上的土地承包经营权、建设用地使用权等部分转让时，转让部分涉及地役权的，受让人同时享有地役权。

第三百八十三条 【地役权对供役地及其上权利的不可分性】供役地以及供役地上的土地承包经营权、建设用地使用权等部分转让时，转让部分涉及地役权的，地役权对受让人具有法律约束力。

第三百八十四条 【供役地权利人单方解除地役权合同的法定事由】地役权人有下列情形之一的，供役地权利人有权解除地役权合同，地役权消灭：

（一）违反法律规定或者合同约定，滥用地役权；

（二）有偿利用供役地，约定的付款期限届满后在合理期限内经两次催告未支付费用。

第三百八十五条 【已登记地役权的变更、转让或消灭手续】已经登记的地役权变更、转让或者消灭的，应当及时办理变更登记或者注销登记。

第四分编　担保物权

第十六章　一般规定

第三百八十六条 【担保物权的定义】担保物权人在债务人不履行到期债务或者发生当事人约定的实现担保物权的情形，依法享有就担保财产优先受偿的权利，但是法律另有规定的除外。

第三百八十七条 【担保物权的适用范围和反担保】 债权人在借贷、买卖等民事活动中，为保障实现其债权，需要担保的，可以依照本法和其他法律的规定设立担保物权。

第三人为债务人向债权人提供担保的，可以要求债务人提供反担保。反担保适用本法和其他法律的规定。

第三百八十八条 【担保合同】 设立担保物权，应当依照本法和其他法律的规定订立担保合同。担保合同包括抵押合同、质押合同和其他具有担保功能的合同。担保合同是主债权债务合同的从合同。主债权债务合同无效的，担保合同无效，但是法律另有规定的除外。

担保合同被确认无效后，债务人、担保人、债权人有过错的，应当根据其过错各自承担相应的民事责任。

第三百八十九条 【担保物权的担保范围】 担保物权的担保范围包括主债权及其利息、违约金、损害赔偿金、保管担保财产和实现担保物权的费用。当事人另有约定的，按照其约定。

第三百九十条 【担保物权的物上代位性及代位物的提存】 担保期间，担保财产毁损、灭失或者被征收等，担保物权人可以就获得的保险金、赔偿金或者补偿金等优先受偿。被担保债权的履行期限未届满的，也可以提存该保险金、赔偿金或者补偿金等。

第三百九十一条 【未经担保人同意转移债务的法律后果】 第三人提供担保，未经其书面同意，债权人允许债务人转移全部或者部分债务的，担保人不再承担相应的担保责任。

第三百九十二条 【人保和物保并存时担保权的实行规则】 被担保的债权既有物的担保又有人的担保的，债务人不履行到期债务或者发生当事人约定的实现担保物权的情形，债权人应当按照约定实现债权；没有约定或者约定不明确，债务人自己提供物的担保的，债权人应当先就该物的担保实现债权；第三人提供物的担保的，债权人可以就物的担保实现债权，也可以请求保证人承担保证责任。提供担保的第三人承担担保责任后，有权向债务人追偿。

第三百九十三条　【担保物权消灭事由】有下列情形之一的，担保物权消灭：

（一）主债权消灭；

（二）担保物权实现；

（三）债权人放弃担保物权；

（四）法律规定担保物权消灭的其他情形。

第十七章　抵押权

第一节　一般抵押权

第三百九十四条　【抵押权的定义】为担保债务的履行，债务人或者第三人不转移财产的占有，将该财产抵押给债权人的，债务人不履行到期债务或者发生当事人约定的实现抵押权的情形，债权人有权就该财产优先受偿。

前款规定的债务人或者第三人为抵押人，债权人为抵押权人，提供担保的财产为抵押财产。

第三百九十五条　【抵押财产的范围】债务人或者第三人有权处分的下列财产可以抵押：

（一）建筑物和其他土地附着物；

（二）建设用地使用权；

（三）海域使用权；

（四）生产设备、原材料、半成品、产品；

（五）正在建造的建筑物、船舶、航空器；

（六）交通运输工具；

（七）法律、行政法规未禁止抵押的其他财产。

抵押人可以将前款所列财产一并抵押。

第三百九十六条　【浮动抵押】企业、个体工商户、农业生产经营者可以将现有的以及将有的生产设备、原材料、半成品、产品抵押，债务人不履行到期债务或者发生当事人约定的实现抵押权的情形，债权人有权就抵押财产确定时的动产优先受偿。

第三百九十七条 【建筑物与建设用地使用权同时抵押规则】以建筑物抵押的，该建筑物占用范围内的建设用地使用权一并抵押。以建设用地使用权抵押的，该土地上的建筑物一并抵押。

抵押人未依据前款规定一并抵押的，未抵押的财产视为一并抵押。

第三百九十八条 【乡镇、村企业的建设用地使用权抵押限制】乡镇、村企业的建设用地使用权不得单独抵押。以乡镇、村企业的厂房等建筑物抵押的，其占用范围内的建设用地使用权一并抵押。

第三百九十九条 【禁止抵押的财产范围】下列财产不得抵押：

（一）土地所有权；

（二）宅基地、自留地、自留山等集体所有土地的使用权，但是法律规定可以抵押的除外；

（三）学校、幼儿园、医疗机构等为公益目的成立的非营利法人的教育设施、医疗卫生设施和其他公益设施；

（四）所有权、使用权不明或者有争议的财产；

（五）依法被查封、扣押、监管的财产；

（六）法律、行政法规规定不得抵押的其他财产。

第四百条 【抵押合同】设立抵押权，当事人应当采用书面形式订立抵押合同。

抵押合同一般包括下列条款：

（一）被担保债权的种类和数额；

（二）债务人履行债务的期限；

（三）抵押财产的名称、数量等情况；

（四）担保的范围。

第四百零一条 【流押】抵押权人在债务履行期限届满前，与抵押人约定债务人不履行到期债务时抵押财产归债权人所有的，只能依法就抵押财产优先受偿。

第四百零二条　【不动产抵押登记】以本法第三百九十五条第一款第一项至第三项规定的财产或者第五项规定的正在建造的建筑物抵押的，应当办理抵押登记。抵押权自登记时设立。

第四百零三条　【动产抵押的效力】以动产抵押的，抵押权自抵押合同生效时设立；未经登记，不得对抗善意第三人。

第四百零四条　【动产抵押权无追及效力】以动产抵押的，不得对抗正常经营活动中已经支付合理价款并取得抵押财产的买受人。

第四百零五条　【抵押权与租赁权的关系】抵押权设立前，抵押财产已经出租并转移占有的，原租赁关系不受该抵押权的影响。

第四百零六条　【抵押财产的处分】抵押期间，抵押人可以转让抵押财产。当事人另有约定的，按照其约定。抵押财产转让的，抵押权不受影响。

抵押人转让抵押财产的，应当及时通知抵押权人。抵押权人能够证明抵押财产转让可能损害抵押权的，可以请求抵押人将转让所得的价款向抵押权人提前清偿债务或者提存。转让的价款超过债权数额的部分归抵押人所有，不足部分由债务人清偿。

第四百零七条　【抵押权处分的从属性】抵押权不得与债权分离而单独转让或者作为其他债权的担保。债权转让的，担保该债权的抵押权一并转让，但是法律另有规定或者当事人另有约定的除外。

第四百零八条　【抵押权的保护】抵押人的行为足以使抵押财产价值减少的，抵押权人有权请求抵押人停止其行为；抵押财产价值减少的，抵押权人有权请求恢复抵押财产的价值，或者提供与减少的价值相应的担保。抵押人不恢复抵押财产的价值，也不提供担保的，抵押权人有权请求债务人提前清偿债务。

第四百零九条　【抵押权及其顺位的处分】抵押权人可以放弃抵押权或者抵押权的顺位。抵押权人与抵押人可以协议变更抵押权顺位以及被担保的债权数额等内容。但是，抵押权的变更未经其他抵押权人书面同意的，不得对其他抵押权人产生不利影响。

债务人以自己的财产设定抵押，抵押权人放弃该抵押权、抵押权顺位或者变更抵押权的，其他担保人在抵押权人丧失优先受偿权益的范围内免除担保责任，但是其他担保人承诺仍然提供担保的除外。

第四百一十条 【抵押权的实现】债务人不履行到期债务或者发生当事人约定的实现抵押权的情形，抵押权人可以与抵押人协议以抵押财产折价或者以拍卖、变卖该抵押财产所得的价款优先受偿。协议损害其他债权人利益的，其他债权人可以请求人民法院撤销该协议。

抵押权人与抵押人未就抵押权实现方式达成协议的，抵押权人可以请求人民法院拍卖、变卖抵押财产。

抵押财产折价或者变卖的，应当参照市场价格。

第四百一十一条 【浮动抵押财产的确定】依据本法第三百九十六条规定设定抵押的，抵押财产自下列情形之一发生时确定：

（一）债务履行期限届满，债权未实现；

（二）抵押人被宣告破产或者解散；

（三）当事人约定的实现抵押权的情形；

（四）严重影响债权实现的其他情形。

第四百一十二条 【抵押权对抵押财产孳息的效力】债务人不履行到期债务或者发生当事人约定的实现抵押权的情形，致使抵押财产被人民法院依法扣押的，自扣押之日起，抵押权人有权收取该抵押财产的天然孳息或者法定孳息，但是抵押权人未通知应当清偿法定孳息义务人的除外。

前款规定的孳息应当先充抵收取孳息的费用。

第四百一十三条 【抵押财产变价后的处理】抵押财产折价或者拍卖、变卖后，其价款超过债权数额的部分归抵押人所有，不足部分由债务人清偿。

第四百一十四条 【数个抵押权的清偿顺序】同一财产向两个以上债权人抵押的，拍卖、变卖抵押财产所得的价款依照下列规定清偿：

（一）抵押权已经登记的，按照登记的时间先后确定清偿顺序；

（二）抵押权已经登记的先于未登记的受偿；

（三）抵押权未登记的，按照债权比例清偿。

其他可以登记的担保物权，清偿顺序参照适用前款规定。

第四百一十五条　【抵押权与质权的清偿顺序】同一财产既设立抵押权又设立质权的，拍卖、变卖该财产所得的价款按照登记、交付的时间先后确定清偿顺序。

第四百一十六条　【动产购买价款抵押担保的优先权】动产抵押担保的主债权是抵押物的价款，标的物交付后十日内办理抵押登记的，该抵押权人优先于抵押物买受人的其他担保物权人受偿，但是留置权人除外。

第四百一十七条　【抵押权对新增建筑物的效力】建设用地使用权抵押后，该土地上新增的建筑物不属于抵押财产。该建设用地使用权实现抵押权时，应当将该土地上新增的建筑物与建设用地使用权一并处分。但是，新增建筑物所得的价款，抵押权人无权优先受偿。

第四百一十八条　【集体所有土地使用权抵押权的实行效果】以集体所有土地的使用权依法抵押的，实现抵押权后，未经法定程序，不得改变土地所有权的性质和土地用途。

第四百一十九条　【抵押权存续期间】抵押权人应当在主债权诉讼时效期间行使抵押权；未行使的，人民法院不予保护。

第二节　最高额抵押权

第四百二十条　【最高额抵押权的定义】为担保债务的履行，债务人或者第三人对一定期间内将要连续发生的债权提供担保财产的，债务人不履行到期债务或者发生当事人约定的实现抵押权的情形，抵押权人有权在最高债权额限度内就该担保财产优先受偿。

最高额抵押权设立前已经存在的债权，经当事人同意，可以转入最高额抵押担保的债权范围。

第四百二十一条　【最高额抵押权担保的债权转让】最高额抵押担保的债权确定前，部分债权转让的，最高额抵押权不得转让，但是当事人另有约定的除外。

第四百二十二条 【最高额抵押合同条款变更】最高额抵押担保的债权确定前，抵押权人与抵押人可以通过协议变更债权确定的期间、债权范围以及最高债权额。但是，变更的内容不得对其他抵押权人产生不利影响。

第四百二十三条 【最高额抵押权所担保的债权确定】有下列情形之一的，抵押权人的债权确定：

（一）约定的债权确定期间届满；

（二）没有约定债权确定期间或者约定不明确，抵押权人或者抵押人自最高额抵押权设立之日起满二年后请求确定债权；

（三）新的债权不可能发生；

（四）抵押权人知道或者应当知道抵押财产被查封、扣押；

（五）债务人、抵押人被宣告破产或者解散；

（六）法律规定债权确定的其他情形。

第四百二十四条 【最高额抵押权的法律适用】最高额抵押权除适用本节规定外，适用本章第一节的有关规定。

第十八章　质权

第一节　动产质权

第四百二十五条 【动产质权的定义】为担保债务的履行，债务人或者第三人将其动产出质给债权人占有的，债务人不履行到期债务或者发生当事人约定的实现质权的情形，债权人有权就该动产优先受偿。

前款规定的债务人或者第三人为出质人，债权人为质权人，交付的动产为质押财产。

第四百二十六条 【禁止质押的动产范围】法律、行政法规禁止转让的动产不得出质。

第四百二十七条 【质押合同】设立质权，当事人应当采用书面形式订立质押合同。

质押合同一般包括下列条款：

（一）被担保债权的种类和数额；

（二）债务人履行债务的期限；

（三）质押财产的名称、数量等情况；

（四）担保的范围；

（五）质押财产交付的时间、方式。

第四百二十八条 【流质】质权人在债务履行期限届满前，与出质人约定债务人不履行到期债务时质押财产归债权人所有的，只能依法就质押财产优先受偿。

第四百二十九条 【质权生效时间】质权自出质人交付质押财产时设立。

第四百三十条 【质权人孳息收取权及孳息首要清偿用途】质权人有权收取质押财产的孳息，但是合同另有约定的除外。

前款规定的孳息应当先充抵收取孳息的费用。

第四百三十一条 【质权人擅自使用、处分质押财产的责任】质权人在质权存续期间，未经出质人同意，擅自使用、处分质押财产，造成出质人损害的，应当承担赔偿责任。

第四百三十二条 【质权人的保管义务和赔偿责任】质权人负有妥善保管质押财产的义务；因保管不善致使质押财产毁损、灭失的，应当承担赔偿责任。

质权人的行为可能使质押财产毁损、灭失的，出质人可以请求质权人将质押财产提存，或者请求提前清偿债务并返还质押财产。

第四百三十三条 【质权的保护】因不可归责于质权人的事由可能使质押财产毁损或者价值明显减少，足以危害质权人权利的，质权人有权请求出质人提供相应的担保；出质人不提供的，质权人可以拍卖、变卖质押财产，并与出质人协议将拍卖、变卖所得的价款提前清偿债务或者提存。

第四百三十四条 【责任转质】质权人在质权存续期间，未经出质人同意转质，造成质押财产毁损、灭失的，应当承担赔偿责任。

第四百三十五条 【质权的放弃】质权人可以放弃质权。债务人以自己的财产出质，质权人放弃该质权的，其他担保人在质权人丧失优先受偿权益的范围内免除担保责任，但是其他担保人承诺仍然提供担保的除外。

第四百三十六条 【质物返还及质权实现】债务人履行债务或者出质人提前清偿所担保的债权的，质权人应当返还质押财产。

债务人不履行到期债务或者发生当事人约定的实现质权的情形，质权人可以与出质人协议以质押财产折价，也可以就拍卖、变卖质押财产所得的价款优先受偿。

质押财产折价或者变卖的，应当参照市场价格。

第四百三十七条 【质权的及时行使】出质人可以请求质权人在债务履行期限届满后及时行使质权；质权人不行使的，出质人可以请求人民法院拍卖、变卖质押财产。

出质人请求质权人及时行使质权，因质权人怠于行使权利造成出质人损害的，由质权人承担赔偿责任。

第四百三十八条 【质押财产变价后的处理】质押财产折价或者拍卖、变卖后，其价款超过债权数额的部分归出质人所有，不足部分由债务人清偿。

第四百三十九条 【最高额质权】出质人与质权人可以协议设立最高额质权。

最高额质权除适用本节有关规定外，参照适用本编第十七章第二节的有关规定。

第二节　权利质权

第四百四十条 【权利质权的范围】债务人或者第三人有权处分的下列权利可以出质：

（一）汇票、本票、支票；

（二）债券、存款单；

（三）仓单、提单；

（四）可以转让的基金份额、股权；

（五）可以转让的注册商标专用权、专利权、著作权等知识产权中的财产权；

（六）现有的以及将有的应收账款；

（七）法律、行政法规规定可以出质的其他财产权利。

第四百四十一条　【有价证券出质的质权的设立】以汇票、本票、支票、债券、存款单、仓单、提单出质的，质权自权利凭证交付质权人时设立；没有权利凭证的，质权自办理出质登记时设立。法律另有规定的，依照其规定。

第四百四十二条　【有价证券出质的质权的特别实现方式】汇票、本票、支票、债券、存款单、仓单、提单的兑现日期或者提货日期先于主债权到期的，质权人可以兑现或者提货，并与出质人协议将兑现的价款或者提取的货物提前清偿债务或者提存。

第四百四十三条　【以基金份额、股权出质的质权设立及转让限制】以基金份额、股权出质的，质权自办理出质登记时设立。

基金份额、股权出质后，不得转让，但是出质人与质权人协商同意的除外。出质人转让基金份额、股权所得的价款，应当向质权人提前清偿债务或者提存。

第四百四十四条　【以知识产权中的财产权出质的质权的设立及转让限制】以注册商标专用权、专利权、著作权等知识产权中的财产权出质的，质权自办理出质登记时设立。

知识产权中的财产权出质后，出质人不得转让或者许可他人使用，但是出质人与质权人协商同意的除外。出质人转让或者许可他人使用出质的知识产权中的财产权所得的价款，应当向质权人提前清偿债务或者提存。

第四百四十五条　【以应收账款出质的质权的设立及转让限制】以应收账款出质的，质权自办理出质登记时设立。

应收账款出质后，不得转让，但是出质人与质权人协商同意的除外。出质人转让应收账款所得的价款，应当向质权人提前清偿债务或者提存。

第四百四十六条　【权利质权的法律适用】权利质权除适用本节规定外，适用本章第一节的有关规定。

第十九章　留置权

第四百四十七条　【留置权的定义】债务人不履行到期债务，债权人可以留置已经合法占有的债务人的动产，并有权就该动产优先受偿。

前款规定的债权人为留置权人，占有的动产为留置财产。

第四百四十八条　【留置财产与债权的关系】债权人留置的动产，应当与债权属于同一法律关系，但是企业之间留置的除外。

第四百四十九条　【留置权适用范围限制】法律规定或者当事人约定不得留置的动产，不得留置。

第四百五十条　【留置财产为可分物的特殊规定】留置财产为可分物的，留置财产的价值应当相当于债务的金额。

第四百五十一条　【留置权人的保管义务】留置权人负有妥善保管留置财产的义务；因保管不善致使留置财产毁损、灭失的，应当承担赔偿责任。

第四百五十二条　【留置权人收取孳息的权利】留置权人有权收取留置财产的孳息。

前款规定的孳息应当先充抵收取孳息的费用。

第四百五十三条　【留置权债务人的债务履行期】留置权人与债务人应当约定留置财产后的债务履行期限；没有约定或者约定不明确的，留置权人应当给债务人六十日以上履行债务的期限，但是鲜活易腐等不易保管的动产除外。债务人逾期未履行的，留置权人可以与债务人协议以留置财产折价，也可以就拍卖、变卖留置财产所得的价款优先受偿。

留置财产折价或者变卖的，应当参照市场价格。

第四百五十四条　【留置权债务人的请求权】债务人可以请求留置权人在债务履行期限届满后行使留置权；留置权人不行使的，债务人可以请求人民法院拍卖、变卖留置财产。

第四百五十五条　【留置权的实现】留置财产折价或者拍卖、变卖后，其价款超过债权数额的部分归债务人所有，不足部分由债务人清偿。

第四百五十六条　【留置权、抵押权与质权竞合时的顺位原则】同一动产上已经设立抵押权或者质权，该动产又被留置的，留置权人优先受偿。

第四百五十七条　【留置权消灭的特殊情形】留置权人对留置财产丧失占有或者留置权人接受债务人另行提供担保的，留置权消灭。

第五分编　占有

第二十章　占有

第四百五十八条　【有权占有的法律适用】基于合同关系等产生的占有，有关不动产或者动产的使用、收益、违约责任等，按照合同约定；合同没有约定或者约定不明确的，依照有关法律规定。

第四百五十九条　【无权占有造成占有物损害的赔偿责任】占有人因使用占有的不动产或者动产，致使该不动产或者动产受到损害的，恶意占有人应当承担赔偿责任。

第四百六十条　【权利人的返还请求权和占有人的费用求偿权】不动产或者动产被占有人占有的，权利人可以请求返还原物及其孳息；但是，应当支付善意占有人因维护该不动产或者动产支出的必要费用。

第四百六十一条　【权利人的损害赔偿请求权】占有的不动产或者动产毁损、灭失，该不动产或者动产的权利人请求赔偿的，占有人应当将因毁损、灭失取得的保险金、赔偿金或者补偿金等返还给权利人；权利人的损害未得到足够弥补的，恶意占有人还应当赔偿损失。

第四百六十二条　【占有保护请求权】占有的不动产或者动产被侵占的，占有人有权请求返还原物；对妨害占有的行为，占有人有权请求排除妨害或者消除危险；因侵占或者妨害造成损害的，占有人有权依法请求损害赔偿。

占有人返还原物的请求权，自侵占发生之日起一年内未行使的，该请求权消灭。

……

附则

第一千二百五十九条 【法律术语含义】民法所称的“以上”“以下”“以内”“届满”，包括本数；所称的“不满”“超过”“以外”，不包括本数。

第一千二百六十条 【施行日期及旧法废止】本法自2021年1月1日起施行。《中华人民共和国婚姻法》《中华人民共和国继承法》《中华人民共和国民法通则》《中华人民共和国收养法》《中华人民共和国担保法》《中华人民共和国合同法》《中华人民共和国物权法》《中华人民共和国侵权责任法》《中华人民共和国民法总则》同时废止。

《物业服务收费管理办法》（2004年1月1日）

第一条 为规范物业服务收费行为，保障业主和物业管理企业的合法权益，根据《中华人民共和国价格法》和《物业管理条例》，制定本办法。

第二条 本办法所称物业服务收费，是指物业管理企业按照物业服务合同的约定，对房屋及配套的设施设备和相关场地进行维修、养护、管理，维护相关区域内的环境卫生和秩序，向业主所收取的费用。

第三条 国家提倡业主通过公开、公平、公正的市场竞争机制选择物业管理企业；鼓励物业管理企业开展正当的价格竞争，禁止价格欺诈，促进物业服务收费通过市场竞争形成。

第四条 国务院价格主管部门会同国务院建设行政主管部门负责全国物业服务收费的监督管理工作。

县级以上地方人民政府价格主管部门会同同级房地产行政主管部门负责

本行政区域内物业服务收费的监督管理工作。

第五条　物业服务收费应当遵循合理、公开以及费用与服务水平相适应的原则。

第六条　物业服务收费应当区分不同物业的性质和特点分别实行政府指导价和市场调节价。具体定价形式由省、自治区、直辖市人民政府价格主管部门会同房地产行政主管部门确定。

第七条　物业服务收费实行政府指导价的，有定价权限的人民政府价格主管部门应当会同房地产行政主管部门根据物业管理服务等级标准等因素，制定相应的基准价及其浮动幅度，并定期公布。具体收费标准由业主与物业管理企业根据规定的基准价和浮动幅度在物业服务合同中约定。

实行市场调节价的物业服务收费，由业主与物业管理企业在物业服务合同中约定。

第八条　物业管理企业应当按照政府价格主管部门的规定实行明码标价，在物业管理区域内的显著位置，将服务内容、服务标准以及收费项目、收费标准等有关情况进行公示。

第九条　业主与物业管理企业可以采取包干制或者酬金制等形式约定物业服务费用。

包干制是指由业主向物业管理企业支付固定物业服务费用，盈余或者亏损均由物业管理企业享有或者承担的物业服务计费方式。

酬金制是指在预收的物业服务资金中按约定比例或者约定数额提取酬金支付给物业管理企业，其余全部用于物业服务合同约定的支出，结余或者不足均由业主享有或者承担的物业服务计费方式。

第十条　建设单位与物业买受人签订的买卖合同，应当约定物业管理服务内容、服务标准、收费标准、计费方式及计费起始时间等内容，涉及物业买受人共同利益的约定应当一致。

第十一条　实行物业服务费用包干制的，物业服务费用的构成包括物业服务成本、法定税费和物业管理企业的利润。

实行物业服务费用酬金制的，预收的物业服务资金包括物业服务支出和物业管理企业的酬金。

物业服务成本或者物业服务支出构成一般包括以下部分：

1. 管理服务人员的工资、社会保险和按规定提取的福利费等；

2. 物业共用部位、共用设施设备的日常运行、维护费用；

3. 物业管理区域清洁卫生费用；

4. 物业管理区域绿化养护费用；

5. 物业管理区域秩序维护费用；

6. 办公费用；

7. 物业管理企业固定资产折旧；

8. 物业共用部位、共用设施设备及公众责任保险费用；

9. 经业主同意的其他费用。

物业共用部位、共用设施设备的大修、中修和更新、改造费用，应当通过专项维修资金予以列支，不得计入物业服务支出或者物业服务成本。

第十二条 实行物业服务费用酬金制的，预收的物业服务支出属于代管性质，为所缴纳的业主所有，物业管理企业不得将其用于物业服务合同约定以外的支出。

物业管理企业应当向业主大会或者全体业主公布物业服务资金年度预决算并每年不少于一次公布物业服务资金的收支情况。

业主或者业主大会对公布的物业服务资金年度预决算和物业服务资金的收支情况提出质询时，物业管理企业应当及时答复。

第十三条 物业服务收费采取酬金制方式，物业管理企业或者业主大会可以按照物业服务合同约定聘请专业机构对物业服务资金年度预决算和物业服务资金的收支情况进行审计。

第十四条 物业管理企业在物业服务中应当遵守国家的价格法律法规，严格履行物业服务合同，为业主提供质价相符的服务。

第十五条 业主应当按照物业服务合同的约定按时足额缴纳物业服务费

用或者物业服务资金。业主违反物业服务合同约定逾期不缴纳服务费用或者物业服务资金的，业主委员会应当督促其限期缴纳；逾期仍不缴纳的，物业管理企业可以依法追缴。

业主与物业使用人约定由物业使用人缴纳物业服务费用或者物业服务资金的，从其约定，业主负连带缴纳责任。

物业发生产权转移时，业主或者物业使用人应当结清物业服务费用或者物业服务资金。

第十六条　纳入物业管理范围的已竣工但尚未出售，或者因开发建设单位原因未按时交给物业买受人的物业，物业服务费用或者物业服务资金由开发建设单位全额缴纳。

第十七条　物业管理区域内，供水、供电、供气、供热、通讯、有线电视等单位应当向最终用户收取有关费用。物业管理企业接受委托代收上述费用的，可向委托单位收取手续费，不得向业主收取手续费等额外费用。

第十八条　利用物业共用部位、共用设施设备进行经营的，应当在征得相关业主、业主大会、物业管理企业的同意后，按照规定办理有关手续。业主所得收益应当主要用于补充专项维修资金，也可以按照业主大会的决定使用。

第十九条　物业管理企业已接受委托实施物业服务并相应收取服务费用的，其他部门和单位不得重复收取性质和内容相同的费用。

第二十条　物业管理企业根据业主的委托提供物业服务合同约定以外的服务，服务收费由双方约定。

第二十一条　政府价格主管部门会同房地产行政主管部门，应当加强对物业管理企业的服务内容、标准和收费项目、标准的监督。物业管理企业违反价格法律、法规和规定，由政府价格主管部门依据《中华人民共和国价格法》和《价格违法行为行政处罚规定》予以处罚。

第二十二条　各省、自治区、直辖市人民政府价格主管部门、房地产行政主管部门可以依据本办法制定具体实施办法，并报国家发展和改革委员会、建设部备案。

第二十三条 本办法由国家发展和改革委员会会同建设部负责解释。

第二十四条 本办法自2004年1月1日起执行，原国家计委、建设部印发的《城市住宅小区物业管理服务收费暂行办法》（计价费〔1996〕266号）同时废止。

《住宅室内装饰装修管理办法》（2011年1月26日）

第一章 总 则

第一条 为加强住宅室内装饰装修管理，保证装饰装修工程质量和安全，维护公共安全和公众利益，根据有关法律、法规，制定本办法。

第二条 在城市从事住宅室内装饰装修活动，实施对住宅室内装饰装修活动的监督管理，应当遵守本办法。

本办法所称住宅室内装饰装修，是指住宅竣工验收合格后，业主或者住宅使用人（以下简称装修人）对住宅室内进行装饰装修的建筑活动。

第三条 住宅室内装饰装修应当保证工程质量和安全，符合工程建设强制性标准。

第四条 国务院建设行政主管部门负责全国住宅室内装饰装修活动的管理工作。

省、自治区人民政府建设行政主管部门负责本行政区域内的住宅室内装饰装修活动的管理工作。

直辖市、市、县人民政府房地产行政主管部门负责本行政区域内的住宅室内装饰装修活动的管理工作。

第二章　一般规定

第五条　住宅室内装饰装修活动，禁止下列行为：

（一）未经原设计单位或者具有相应资质等级的设计单位提出设计方案，变动建筑主体和承重结构；

（二）将没有防水要求的房间或者阳台改为卫生间、厨房间；

（三）扩大承重墙上原有的门窗尺寸，拆除连接阳台的砖、混凝土墙体；

（四）损坏房屋原有节能设施，降低节能效果；

（五）其他影响建筑结构和使用安全的行为。

本办法所称建筑主体，是指建筑实体的结构构造，包括屋盖、楼盖、梁、柱、支撑、墙体、连接接点和基础等。

本办法所称承重结构，是指直接将本身自重与各种外加作用力系统地传递给基础地基的主要结构构件和其连接接点，包括承重墙体、立杆、柱、框架柱、支墩、楼板、梁、屋架、悬索等。

第六条　装修人从事住宅室内装饰装修活动，未经批准，不得有下列行为：

（一）搭建建筑物、构筑物；

（二）改变住宅外立面，在非承重外墙上开门、窗；

（三）拆改供暖管道和设施；

（四）拆改燃气管道和设施。

本条所列第（一）项、第（二）项行为，应当经城市规划行政主管部门批准；第（三）项行为，应当经供暖管理单位批准；第（四）项行为应当经燃气管理单位批准。

第七条　住宅室内装饰装修超过设计标准或者规范增加楼面荷载的，应当经原设计单位或者具有相应资质等级的设计单位提出设计方案。

第八条　改动卫生间、厨房间防水层的，应当按照防水标准制订施工方案，并做闭水试验。

第九条 装修人经原设计单位或者具有相应资质等级的设计单位提出设计方案变动建筑主体和承重结构的，或者装修活动涉及本办法第六条、第七条、第八条内容的，必须委托具有相应资质的装饰装修企业承担。

第十条 装饰装修企业必须按照工程建设强制性标准和其他技术标准施工，不得偷工减料，确保装饰装修工程质量。

第十一条 装饰装修企业从事住宅室内装饰装修活动，应当遵守施工安全操作规程，按照规定采取必要的安全防护和消防措施，不得擅自动用明火和进行焊接作业，保证作业人员和周围住房及财产的安全。

第十二条 装修人和装饰装修企业从事住宅室内装饰装修活动，不得侵占公共空间，不得损害公共部位和设施。

第三章 开工申报与监督

第十三条 装修人在住宅室内装饰装修工程开工前，应当向物业管理企业或者房屋管理机构（以下简称物业管理单位）申报登记。

非业主的住宅使用人对住宅室内进行装饰装修，应当取得业主的书面同意。

第十四条 申报登记应当提交下列材料：

（一）房屋所有权证（或者证明其合法权益的有效凭证）；

（二）申请人身份证件；

（三）装饰装修方案；

（四）变动建筑主体或者承重结构的，需提交原设计单位或者具有相应资质等级的设计单位提出的设计方案；

（五）涉及本办法第六条行为的，需提交有关部门的批准文件，涉及本办法第七条、第八条行为的，需提交设计方案或者施工方案；

（六）委托装饰装修企业施工的，需提供该企业相关资质证书的复印件。

非业主的住宅使用人，还需提供业主同意装饰装修的书面证明。

第十五条 物业管理单位应当将住宅室内装饰装修工程的禁止行为和注意事项告知装修人和装修人委托的装饰装修企业。

装修人对住宅进行装饰装修前，应当告知邻里。

第十六条　装修人，或者装修人和装饰装修企业，应当与物业管理单位签订住宅室内装饰装修管理服务协议。

住宅室内装饰装修管理服务协议应当包括下列内容：

（一）装饰装修工程的实施内容；

（二）装饰装修工程的实施期限；

（三）允许施工的时间；

（四）废弃物的清运与处置；

（五）住宅外立面设施及防盗窗的安装要求；

（六）禁止行为和注意事项；

（七）管理服务费用；

（八）违约责任；

（九）其他需要约定的事项。

第十七条　物业管理单位应当按照住宅室内装饰装修管理服务协议实施管理，发现装修人或者装饰装修企业有本办法第五条行为的，或者未经有关部门批准实施本办法第六条所列行为的，或者有违反本办法第七条、第八条、第九条规定行为的，应当立即制止；已造成事实后果或者拒不改正的，应当及时报告有关部门依法处理。对装修人或者装饰装修企业违反住宅室内装饰装修管理服务协议的，追究违约责任。

第十八条　有关部门接到物业管理单位关于装修人或者装饰装修企业有违反本办法行为的报告后，应当及时到现场检查核实，依法处理。

第十九条　禁止物业管理单位向装修人指派装饰装修企业或者强行推销装饰装修材料。

第二十条　装修人不得拒绝和阻碍物业管理单位依据住宅室内装饰装修管理服务协议的约定，对住宅室内装饰装修活动的监督检查。

第二十一条　任何单位和个人对住宅室内装饰装修中出现的影响公众利益的质量事故、质量缺陷以及其他影响周围住户正常生活的行为，都有权检举、控告、投诉。

第四章　委托与承接

第二十二条　承接住宅室内装饰装修工程的装饰装修企业，必须经建设行政主管部门资质审查，取得相应的建筑业企业资质证书，并在其资质等级许可的范围内承揽工程。

第二十三条　装修人委托企业承接其装饰装修工程的，应当选择具有相应资质等级的装饰装修企业。

第二十四条　装修人与装饰装修企业应当签订住宅室内装饰装修书面合同，明确双方的权利和义务。

住宅室内装饰装修合同应当包括下列主要内容：

（一）委托人和被委托人的姓名或者单位名称、住所地址、联系电话；

（二）住宅室内装饰装修的房屋间数、建筑面积，装饰装修的项目、方式、规格、质量要求以及质量验收方式；

（三）装饰装修工程的开工、竣工时间；

（四）装饰装修工程保修的内容、期限；

（五）装饰装修工程价格，计价和支付方式、时间；

（六）合同变更和解除的条件；

（七）违约责任及解决纠纷的途径；

（八）合同的生效时间；

（九）双方认为需要明确的其他条款。

第二十五条　住宅室内装饰装修工程发生纠纷的，可以协商或者调解解决。不愿协商、调解或者协商、调解不成的，可以依法申请仲裁或者向人民法院起诉。

第五章　室内环境质量

第二十六条　装饰装修企业从事住宅室内装饰装修活动，应当严格遵守规定的装饰装修施工时间，降低施工噪音，减少环境污染。

第二十七条　住宅室内装饰装修过程中所形成的各种固体、可燃液体等废物，应当按照规定的位置、方式和时间堆放和清运。严禁违反规定将各种固体、可燃液体等废物堆放于住宅垃圾道、楼道或者其他地方。

第二十八条　住宅室内装饰装修工程使用的材料和设备必须符合国家标准，有质量检验合格证明和有中文标识的产品名称、规格、型号、生产厂厂名、厂址等。禁止使用国家明令淘汰的建筑装饰装修材料和设备。

第二十九条　装修人委托企业对住宅室内进行装饰装修的，装饰装修工程竣工后，空气质量应当符合国家有关标准。装修人可以委托有资格的检测单位对空气质量进行检测。检测不合格的，装饰装修企业应当返工，并由责任人承担相应损失。

第六章　竣工验收与保修

第三十条　住宅室内装饰装修工程竣工后，装修人应当按照工程设计合同约定和相应的质量标准进行验收。验收合格后，装饰装修企业应当出具住宅室内装饰装修质量保修书。

物业管理单位应当按照装饰装修管理服务协议进行现场检查，对违反法律、法规和装饰装修管理服务协议的，应当要求装修人和装饰装修企业纠正，并将检查记录存档。

第三十一条　住宅室内装饰装修工程竣工后，装饰装修企业负责采购装饰装修材料及设备的，应当向业主提交说明书、保修单和环保说明书。

第三十二条　在正常使用条件下，住宅室内装饰装修工程的最低保修期限为二年，有防水要求的厨房、卫生间和外墙面的防渗漏为五年。保修期自住宅室内装饰装修工程竣工验收合格之日起计算。

第七章　法律责任

第三十三条　因住宅室内装饰装修活动造成相邻住宅的管道堵塞、渗漏水、停水停电、物品毁坏等，装修人应当负责修复和赔偿；属于装饰装修企业责任的，装修人可以向装饰装修企业追偿。

装修人擅自拆改供暖、燃气管道和设施造成损失的，由装修人负责赔偿。

第三十四条　装修人因住宅室内装饰装修活动侵占公共空间，对公共部位和设施造成损害的，由城市房地产行政主管部门责令改正，造成损失的，依法承担赔偿责任。

第三十五条　装修人未申报登记进行住宅室内装饰装修活动的，由城市房地产行政主管部门责令改正，处 5 百元以上 1 千元以下的罚款。

第三十六条　装修人违反本办法规定，将住宅室内装饰装修工程委托给不具有相应资质等级企业的，由城市房地产行政主管部门责令改正，处 5 百元以上 1 千元以下的罚款。

第三十七条　装饰装修企业自行采购或者向装修人推荐使用不符合国家标准的装饰装修材料，造成空气污染超标的，由城市房地产行政主管部门责令改正，造成损失的，依法承担赔偿责任。

第三十八条　住宅室内装饰装修活动有下列行为之一的，由城市房地产行政主管部门责令改正，并处罚款：

（一）将没有防水要求的房间或者阳台改为卫生间、厨房间的，或者拆除连接阳台的砖、混凝土墙体的，对装修人处 5 百元以上 1 千元以下的罚款，对装饰装修企业处 1 千元以上 1 万元以下的罚款；

（二）损坏房屋原有节能设施或者降低节能效果的，对装饰装修企业处 1 千元以上 5 千元以下的罚款；

（三）擅自拆改供暖、燃气管道和设施的，对装修人处 5 百元以上 1 千元以下的罚款；

（四）未经原设计单位或者具有相应资质等级的设计单位提出设计方案，擅自超过设计标准或者规范增加楼面荷载的，对装修人处 5 百元以上 1 千元以下的罚款，对装饰装修企业处 1 千元以上 1 万元以下的罚款。

第三十九条　未经城市规划行政主管部门批准，在住宅室内装饰装修活动中搭建建筑物、构筑物的，或者擅自改变住宅外立面、在非承重外墙上开门、窗的，由城市规划行政主管部门按照《中华人民共和国城乡规划法》及相关法规的规定处罚。

第四十条　装修人或者装饰装修企业违反《建设工程质量管理条例》的，由建设行政主管部门按照有关规定处罚。

第四十一条　装饰装修企业违反国家有关安全生产规定和安全生产技术规程，不按照规定采取必要的安全防护和消防措施，擅自动用明火作业和进行焊接作业的，或者对建筑安全事故隐患不采取措施予以消除的，由建设行政主管部门责令改正，并处 1 千元以上 1 万元以下的罚款；情节严重的，责令停业整顿，并处 1 万元以上 3 万元以下的罚款；造成重大安全事故的，降低资质等级或者吊销资质证书。

第四十二条　物业管理单位发现装修人或者装饰装修企业有违反本办法规定的行为不及时向有关部门报告的，由房地产行政主管部门给予警告，可处装饰装修管理服务协议约定的装饰装修管理服务费 2~3 倍的罚款。

第四十三条　有关部门的工作人员接到物业管理单位对装修人或者装饰装修企业违法行为的报告后，未及时处理，玩忽职守的，依法给予行政处分。

第八章　附 则

第四十四条　工程投资额在 30 万元以下或者建筑面积在 300 平方米以下，可以不申请办理施工许可证的非住宅装饰装修活动参照本办法执行。

第四十五条　住宅竣工验收合格前的装饰装修工程管理，按照《建设工程质量管理条例》执行。

第四十六条　省、自治区、直辖市人民政府建设行政主管部门可以依据本办法，制定实施细则。

第四十七条　本办法由国务院建设行政主管部门负责解释。

第四十八条　本办法自 2002 年 5 月 1 日起施行。

《房屋建筑工程质量保修办法》（2000 年 6 月 30 日）

第一条 为保护建设单位、施工单位、房屋建筑所有人和使用人的合法权益，维护公共安全和公众利益，根据《中华人民共和国建筑法》和《建设工程质量管理条例》，制订本办法。

第二条 在中华人民共和国境内新建、扩建、改建各类房屋建筑工程（包括装修工程）的质量保修，适用本办法。

第三条 本办法所称房屋建筑工程质量保修，是指对房屋建筑工程竣工验收后在保修期限内出现的质量缺陷，予以修复。

本办法所称质量缺陷，是指房屋建筑工程的质量不符合工程建设强制性标准以及合同的约定。

第四条 房屋建筑工程在保修范围和保修期限内出现质量缺陷，施工单位应当履行保修义务。

第五条 国务院建设行政主管部门负责全国房屋建筑工程质量保修的监督管理。

县级以上地方人民政府建设行政主管部门负责本行政区域内房屋建筑工程质量保修的监督管理。

第六条 建设单位和施工单位应当在工程质量保修书中约定保修范围、保修期限和保修责任等，双方约定的保修范围、保修期限必须符合国家有关规定。

第七条 在正常使用下，房屋建筑工程的最低保修期限为：

（一）地基基础和主体结构工程，为设计文件规定的该工程的合理使用年限；

（二）屋面防水工程、有防水要求的卫生间、房间和外墙面的防渗漏，为 5 年；

（三）供热与供冷系统，为 2 个采暖期、供冷期；

（四）电气系统、给排水管道、设备安装为 2 年；

（五）装修工程为 2 年。

其他项目的保修期限由建设单位和施工单位约定。

第八条　房屋建筑工程保修期从工程竣工验收合格之日起计算。

第九条　房屋建筑工程在保修期限内出现质量缺陷，建设单位或者房屋建筑所有人应当向施工单位发出保修通知。

施工单位接到保修通知后，应当到现场核查情况，在保修书约定的时间内予以保修。发生涉及结构安全或者严重影响使用功能的紧急抢修事故，施工单位接到保修通知后，应当立即到达现场抢修。

第十条　发生涉及结构安全的质量缺陷，建设单位或者房屋建筑所有人应当立即向当地建设行政主管部门报告，由原设计单位或者具有相应资质等级的设计单位提出保修方案，施工单位实施保修，原工程质量监督机构负责监督。

第十一条　保修完成后，由建设单位或者房屋建筑所有人组织验收。涉及结构安全的，应当报当地建设行政主管部门备案。

第十二条　施工单位不按工程质量保修书约定保修的，建设单位可以另行委托其他单位保修，由原施工单位承担相应责任。

第十三条　保修费用由质量缺陷的责任方承担。

第十四条　在保修期内，因房屋建筑工程质量缺陷造成房屋所有人、使用人或者第三方人身、财产损害的，房屋所有人、使用人或者第三方可以向建设单位提出赔偿要求。建设单位向造成房屋建筑工程质量缺陷的责任方追偿。

第十五条　因保修不及时造成新的人身、财产损害，由造成拖延的责任方承担赔偿责任。

第十六条　房地产开发企业售出的商品房保修，还应当执行《城市房地产开发经营管理条例》和其他有关规定。

第十七条　下列情况不属于本办法规定的保修范围：

（一）因使用不当或者第三方造成的质量缺陷；

（二）不可抗力造成的质量缺陷。

第十八条 施工单位有下列行为之一的，由建设行政主管部门责令改正，并处1万元以上3万元以下的罚款。

（一）工程竣工验收后，不向建设单位出具质量保修书的；

（二）质量保修的内容、期限违反本办法规定的。

第十九条 施工单位不履行保修义务或者拖延履行保修义务的，由建设行政主管部门责令改正，处10万元以上20万元以下的罚款。

第二十条 军事建设工程的管理，按照中央军事委员会的有关规定执行。

第二十一条 本办法由国务院建设行政主管部门负责解释。

第二十二条 本办法自发布之日起施行。

扫码下载物业管理
实用表单（Word版）